Bhole

Bhole

Aventuras de un joven yogui

Hema de Munnik

Himalayan Institute Hospital Trust
Swami Ram Nagar, P.O. Doiwala
Distt. Dehradun 248140, Uttarakhand, India

Un agradecimiento especial a la Sra. Nandini Singh Gaitely
por su trabajo artístico de la portada y por las ilustraciones.

Edición: Dr. Barbara Bova

© 2009 Himalayan Institute Hospital Trust. Reservados los
derechos.
Traducido por la "Asociación cultural para el Estudio del
Yoga".
Versión original inglesa: *Bhole: Adventures of a Young Yogi.*
Primera edición española 2009
Library of Congress Control Number: 2008943065
ISBN 978-81-88157-44-0

Publicado por
Himalayan Institute Hospital Trust
Swami Ram Nagar, P.O. Doiwala
Distt. Dehradun 248140
Uttarakhand, India
tel: 0135-241-2068, fax: 0135-247-1122
src@hihtindia.org, www.hihtindia.org

Distribuido por:
Lotus Press
PO Box 325
Twin Lakes, WI 53181 USA
www.lotuspress.com
800-824-6396

Este libro está dedicado a mi reverenciado
maestro, Sri Swami Rama del Himalaya, quien
me enseñó a vivir y a amar.

Nota del editor: Un homenaje

Jocelyne Laffite Klein ha dirigido durante años una escuela de meditación en Madrid guiando por el camino espiritual a aquellos que lo buscaban con sinceridad. A través de la labor de Jocelyne y del apoyo de su Centro en Madrid, hemos traducido al español las enseñanzas de Swamiji y así han podido llegar a la comunidad hispana.

Queremos expresar nuestro agradecimiento por el trabajo desinteresado que han realizado Jocelyne y la Asociación Cultural para el Estudio del Yoga, en Madrid, España, por sus traducciones y por el apoyo a programas educativos y de formación profesional en el Instituto de Desarrollo Rural del HIHT durante muchos años, ayudando a jóvenes a ayudarse a sí mismos.

Gracias al entusiasmo, dedicación y determinación de Jocelyne se han podido publicar en español los siguientes títulos de Swami Rama:

Viaje Sagrado: vivir con propósito y morir sin miedo

La Esencia de la Vida Espiritual: una guía que acompaña al que busca

Dejad que el Brote de Vida Florezca

Vivir Consciente: una guía para la transformación espiritual

Samadhi, el estado más elevado de sabiduría. Yoga la ciencia sagrada. Volumen I

Y ahora, *Bhole: Las aventuras de un joven yogui.*

Es con verdadera gratitud y aprecio como recordamos a Jocelyne Laffite Klein (1937-2007) y su Trabajo generoso en servicio a la humanidad.

Contents

Agradecimientos

Ha habido muchas personas que me han resultado de gran ayuda al escribir este libro. Los dos primeros fueron Luma y Ella (en esta traducción Raúl y Rosa), que me inspiraron el escribir en forma de cuento algunas de las cosas que he aprendido de Swmi Rama. La tercera persona fue William Sparacia, que quería un libro para niños sobre Swamiji y que me animó a continuar escribiendo después de haber leído las primeras páginas. También estoy agradecida a Karen, su mujer, que me convenció de terminarlo. Escribirlo en inglés me resultó duro y le estoy muy agradecida a Barbara Bova por estar dispuesta a dedicarle tiempo y energía a editar el manuscrito. Me alegro de que Kamal y Vijaya Keshaviah consiguieran encontrar un ilustrador y también le agradezco a Amma, la madre de Vijaya, que me contara historias de su niñez y me ayudase a comprender la vida de los niños en India hace 75 años. Mientras escribía este libro, siempre sentí la guía de Swamiji, que me ayudó a convertirme en la persona feliz que soy hoy. Sin la ayuda de Kamal, este libro nunca se habría publicado. Gracias, gracias, gracias a todos vosotros.

Hema de Munnik
Putten, Netherlands
Mayo 2005

Prefacio

Durante su vida, la misión de Swami Rama fue enseñar a la gente en todo el mundo los principios básicos de la ciencia del yoga y de la meditación. Guió a innumerables estudiantes en el camino espiritual y les enseñó cómo alcanzar la meta final de la vida, la realización del Ser o Iluminación.

En sus libros y conferencias, Swamiji reveló muchas cosas acerca de su entrenamiento y de su relación con su maestro, Bengali Baba. Sin embargo dio poca información acerca de sus amigos y parientes. Para hacer de este libro una historia completa, se han añadido estos elementos. Si hay alguna similitud entre los verdaderos amigos y familiares de Swamiji y los personajes del libro, es una pura coincidencia. Este libro no tiene el propósito de ser un recorrido histórico de la infancia de Swami Rama. Se han incorporado en una historia anécdotas muy conocidas y fidedignas de su infancia en las montañas de Garhwal en el norte de la India y de su educación y entrenamiento por parte de un gran yogui en los Himalayas, con el propósito de despertar el interés de jóvenes lectores por la sabiduría perenne de los Maestros del Himalaya.

Aunque para adultos hay muchos libros interesantes e informativos acerca de la meditación, éstos pueden ser difíciles de entender para los niños y no resultarles atractivos. Los padres y los abuelos que meditan suelen encontrar difícil explicar a los niños lo que están haciendo y por qué. Se espera que este libro sea una ayuda para dar información a los niños acerca de la ciencia del yoga y de la meditación.

Hema
Mayo 2005
Himalayan Institute Hospital Trust
Swami Ram Nagar
Dehradun. India

La sorpresa de la abuela

Un sábado por la mañana, a principios de Mayo, había mucha gente esperando en el hall de llegada de Schipol, el aeropuerto de Ámsterdam. Entre ellos estaban Raúl, un chico alto de doce años y su prima Rosa de 7 años. Esperaban a su abuela que venía de Nueva Delhi, la capital de la India.

"Viene alguien de pelo blanco. ¿Es ella?" preguntó Rosa intentando ver entre toda la gente que salía.

Raúl se rió: "no, no es la abuela. Es un señor" dijo.

Las puertas se volvieron a cerrar y por un tiempo nadie salió.

"Es muy aburrido esperar" murmuró Raúl. "No entiendo por qué sigue yendo a la India".

"Creo que es porque está ayudando a ese señor mayor".

"¿Quieres decir Swami Rama, el hombre al que llama Baba?"

"Sí. Tiene sus fotos en la mesa de la habitación en la que hace yoga". Dijo Rosa.

"Se murió hace unos años" dijo Raúl, "pero construyó un hospital donde la abuela ha instalado un cuarto de juego para niños enfermos".

"¡Mira! Esta vez puede ser ella" dijo Rosa puesta de puntillas. "Veo otra persona con el pelo blanco".

"Sí, esta vez tienes razón. Es la abuela" dijo Raúl. "Ven, vamos a ayudarla con el equipaje".

Su abuela acababa de salir y estaba empujando el carrito con su equipaje, en medio de toda la muchedumbre. No estaba mirando alrededor porque intentaba no golpear

1

a nadie con el carrito. Finalmente miró y vio a Rosa y a Raúl.

"¡Qué bien! ¡Qué contenta estoy de veros!" Los abrazó y preguntó dónde estaban sus padres.

"Allí" dijo Raúl.

Mientras se dirigían al aparcamiento, la abuela dijo: "¡Qué contenta estoy de volver! Hacía muchísimo calor en la India. Me viene bien este tiempo fresco".

"Tenemos mucho de eso" dijo la madre de Raúl. "Esperábamos que trajeras una maleta llena de sol".

"¿Qué regalos crees que nos ha traído?" murmuró Raúl a Rosa mientras empujaba el carrito.

"No sé. Para Navidad me regaló un vestido indio".

"Espero" dijo Raúl "que no me haya vuelto a traer uno de esos pijamas. Estoy harto de ellos".

Media hora más tarde llegaban a casa de Rosa donde su madre había preparado la merienda. Después de esto, la abuela abrió su maleta y dijo: "Esta vez no he traído mucho. No tenía ni idea de qué les iba a traer a los niños ya que tienen tantas cosas. Lo pensé mucho y al fin decidí traerles algo hecho por mí".

"Calcetines" pensó Raúl intentando no mostrar su desilusión.

"Un jersey" pensó Rosa "pero ya me ha regalado uno mi tía".

Entonces la abuela le dio a cada uno un regalo.

"¡Es un libro!" dijo Raúl con sorpresa.

"A mí también y es el mismo que el tuyo" dijo Rosa.

"¿Eres tú quien ha escrito este libro?" preguntó Raúl.
"Sí"

"No sabía que escribías libros".

"Yo tampoco lo sabía" dijo la abuela riéndose.

"Lo escribí para vosotros y espero que os guste".

Antes de irse a la cama aquella noche, Rosa preguntó: "Papá ¿me leerías un poco del libro de la abuela antes de que me duerma? Raúl ya ha leído quince páginas pero para mí es difícil. Dice que escribe sobre la infancia de Swami Rama".

"¡Bien!" dijo su padre "yo también siento curiosidad por este libro. Empecemos".

Viviendo en una cueva

Tardaron unos días más en llegar a la cueva donde vivían Babaji y sus discípulos. La cueva era grande y tenía varias estancias con techos muy altos. En el curso de los milenios otros swamis habían vivido allí, y entre ellos muchos santos que enseñaron a la gente cómo vivir según la Ley. Babaji era un sabio como aquellos santos y gran cantidad de gente iba a verle para que les guiase y les enseñase a meditar y a conocer la Ciencia del Yoga. La cueva no había cambiado mucho desde los tiempos antiguos.

Llegaron al anochecer. Los demás swamis que vivían allí saludaron a Babaji tocándole los pies con respeto, pues tal es la costumbre en la India. Pero cuando saludaron a Bhole éste se puso muy tímido y se escondió detrás de Babaji.

"No seas tímido, Bhole. Estos son tus hermanos mayores. De ahora en adelante te cuidarán y te enseñarán" dijo Babaji.

Pero Bhole se pegó a él y se negó a mirar a los demás. Aquella noche durmió con Babaji, que le hizo un sitio en su propia cama.

No era fácil para Bhole vivir con los swamis. Los encontraba aburridos. Se pasaban la mayor parte del tiempo sentados con los ojos cerrados, sin moverse ni decir palabra. Bhole hacía todo lo que se le ocurría para atraer su atención mientras meditaban. Intentaba abrirles los ojos e incluso les metía los dedos en la nariz, pero no obtenía respuesta. Una vez les lanzó guijarros. Afortunadamente Bhole no tenía mucha puntería pero cuando uno de los guijarros le dio a

Babaji, y éste abrió los ojos, Bhole se avergonzó de lo que acababa de hacer. Sin embargo, Babaji no se enfadó. Sus ojos estaban siempre llenos de amor, incluso cuando Bhole hacía una travesura. Entendía que Bhole, igual que los demás niños, no sabía estarse quieto.

No había otros niños con los que jugar, así que Bhole siempre quería que su Baba jugara con él. No veía a Babaji como a un gran maestro, sino como a su amigo. A veces ocurría que no conseguía dormirse por la noche. Entonces Babaji, como todas las madres en la India, le ponía "bangles" (pulseras de cristales de colores) en las muñecas, para que jugara con ellas hasta quedarse dormido.

A menudo, cuando Babaji se sentaba a meditar, Bhole se sentía muy desgraciado y empezaba a hacer ruido y otras travesuras. Una vez hasta rompió un vaso intentando atraer la atención de Babaji. Los swamis se quejaron de que no podían concentrarse en su mantra con Bhole cerca. Esto se convirtió en un problema serio en la cueva. Finalmente Babaji encontró una solución. La siguiente vez que Bhole empezó a gritar y a correr, Babaji le dijo: "Bien, vamos a volar".

"¿Cómo puedo volar si no tengo alas?"

"Ven aquí y te enseño".

Babaji le sentó en sus rodillas y le dijo que se agarrase bien. Luego se puso a meditar. Bhole no sabía si estaba dormido o despierto, pero estaba muy a gusto y se quedó muy quieto. Después de este día solía preguntar: "Baba, ¿Cuándo me vas a hacer volar otra vez?"

"Cuando estés listo... Estoy listo".

Así que Bhole se encaramaba en sus rodillas y se agarraba fuerte y Babaji le decía: "Cierra los ojos, si no, no podemos volar".

siempre, le pidió a Babaji que le comprase algunos. Pero esta vez Babaji dijo "ahora no, hijo. Tengo un trabajo muy importante que hacer y no me puedo parar aquí. Los tendrás a la vuelta".

Pero Bhole se negó a escuchar. Se enfadó y se puso a gritar: "¡Quiero jalebis, dámelos, los quiero ahora!"

Y cuando Babaji siguió andando, como si no le hubiese oído. Bhole se tiró al suelo, pataleando de rabia. Babaji le ignoró, decidido a seguir andando. Mucha gente salió de las tiendas para saber qué le pasaba al pobre niño que seguía en el suelo, llorando y pataleando. Uno de los swamis no pudo aguantarlo más, recogió a este niño malo y se lo llevó cogido debajo del brazo donde Bhole siguió dando gritos y patadas. Un poco más allá, Babaji estaba mirando al cielo y rezando. "Por favor, Madre del Universo, dime lo que puedo hacer con este niño tuyo".

De repente, una mujer se le acercó corriendo y llorando: "Babaji, ¡por favor, ayúdame! Mi bebé está muy enfermo, creo que se va a morir. Por favor, ven a mi casa y dale tu bendición".

Babaji se volvió hacia los swamis y dijo: "Esperadme aquí, no tardaré".

Para cuando volvió Bhole había tenido tiempo de salir de su ira y de calmarse.

Entonces, Babaji le llevó a la tienda de caramelos y le compró los jalebis.

"Siento no haber podido comprártelos antes, pero tienes que entender que a veces hay cosas más importantes que tus deseos".

Bhole se sintió mal por haber decepcionado a Babaji y le miró con tristeza. Entonces comprendió que había estado tan ocupado en obtener los jalebis que no se había dado cuenta de que la cara de Babaji estaba hinchada, cubierta de granos y que le caían gotas de sudor por la frente.

"¿Estás bien, Babaji?" preguntó uno de los swamis "¿Qué te ha pasado?".

"No es nada" dijo Babaji. "Venga, vámonos".

Pero parecía tener dificultad para andar y Bhole se fijó en que también tenía granos en las piernas y en el pecho. Se asustó mucho creyendo que Babaji había contraído una grave enfermedad y que se iba a morir. También pensó que su mala conducta era la causa. De repente se sintió tan triste que se sentó al borde del camino y empezó a llorar, como si se le hubiera roto el corazón.

"Baba, por favor, no te enfades conmigo" sollozó. "No quiero que te mueras porque he sido malo".

"¡Tonto!" se rió Babaji "Estos granos no tienen nada que ver contigo. Los he cogido del bebé y no los voy a tener mucho tiempo. ¿Ves este buen árbol de allí? Estoy seguro que aceptará cogerlos cuando yo se lo pida".

Y así fue. A medida que los granos desaparecían del cuerpo de Babaji, reaparecían como hinchazones en el tronco y en las ramas del árbol.

"Y ahora ¿se va a morir el árbol?" Preguntó Bhole muy preocupado.

"No, hijo. Es lo bastante fuerte como para vencer la enfermedad. Pero el bebé se habría muerto si no hubiera estado allí cuando la madre me pidió ayuda".

Una semana más tarde, de vuelta en la cueva, Bhole se puso enfermo. Además de la fiebre, tenía granos en la cara y en el cuerpo como los que Babaji le había quitado al bebé. Bhole se alarmó, pero los swamis le dijeron que sólo era varicela y que no tenía más que quedarse en la cama unos días. A Bhole eso no le gustó nada y el picor era penosísimo.

Bhole estaba asombrado y no pudo decir nada durante un rato. Su corazón se puso a latir con mucha fuerza.

"No, Babaji, no. ¡Nunca voy a ir al cole! Quiero quedarme contigo siempre".

"Eso no es posible, Bhole". Dijo Babaji. "No hay colegio en la cueva. Tienes que quedarte en el pueblo con tu madre y con tus tíos hasta terminar los estudios. Cuando tengas vacaciones vendrás a la cueva".

Pero Bhole no le escuchaba. Se tiró al suelo y se puso a llorar desconsoladamente. Babaji esperó con paciencia a que Bhole se calmara. Sabía lo difícil que le resultaba y quería ayudarle a aceptar lo que no podía evitar. Cogió a Bhole de la mano y juntos salieron y se sentaron en una roca, cerca de la casa.

"Tengo que hablar contigo, hijo", dijo Babaji. "Ahora tienes suficiente edad para entenderme y hay ciertas cosas que debes saber".

Pero Bhole seguía sin escucharle. Siguió suplicándole "Baba, por favor, llévame contigo. No me puedo quedar aquí. No quiero ir al colegio. Los swamis pueden enseñarme en la cueva y prometo no molestar a nadie de ahora en adelante. Ya no perturbaré tu meditación ni volveré a tirar piedras ni a hacer ruido. ¡Por favor! ¡Por favor! ¡No puedo vivir sin ti, Babaji! Tienes que llevarme contigo".

Volvió a llorar.

"Si me dejas aquí no volveré a ser feliz en toda mi vida" replicó entre sollozos.

"Bhole, escúchame" dijo Babaji. "No está bien hacer algo sólo porque crees que te va a hacer feliz. La única forma que tiene un ser humano de ser feliz es haciendo cosas para los demás".

Bhole no entendía eso, pero sabía que Babaji era muy sabio, así que asintió.

"Mucho antes de que nacieras" siguió diciendo Babaji," Dios, en forma de la Madre Divina, me habló durante la meditación. Me pidió que educase a un niño por Ella. Eres este niño, Bhole. La Madre Divina me dijo: Cuando sea mayor enseñará a mucha gente en el mundo entero cómo vivir una vida sana y feliz. Tiene que estudiar mucho porque tendrá que viajar a otros países para llevar a la gente el mensaje de los sabios del Himalaya". Así que ya ves, Bhole, por eso tienes que ir a la escuela. Es lo que la madre Divina quiere. Debes aceptarlo. Y te diré algo más, pero es un secreto que tienes que guardar y no hablar nunca de ello con nadie: igual que la Madre Divina, yo estaré siempre contigo. Ella te guiará y te protegerá. Cuando necesites ayuda, sólo reza para pedirla".

Bhole empezaba a sentirse raro. Las fuertes emociones y la nueva información, que sólo entendía en parte, le sobrepasaban.

Babaji con mucho amor le llevó a la casa y le metió en la cama. Bhole estaba tan cansado que se durmió al instante. Ni siquiera notó que Babaji le bendijo tocándole la frente y luego se fue.

"Abuela ¿quién es la Madre Divina?" Preguntó Rosa.

"La Madre Divina es la forma femenina de Dios".

"Eso sí que es raro, siempre pensé que Dios era un hombre" dijo Rosa llena de asombro.

"Así es cómo la mayoría de los niños en occidente piensan en Dios, pero en la India los niños aprenden que Dios es todo".

"¿Todo? ¿Cómo?"

"Es difícil de imaginar ¿verdad?" dijo la abuela "nosotros los seres humanos no somos capaces de imaginar

a Dios, porque no somos más que un trocito del universo. ¿Tú que crees que sabe una hormiga de un elefante?"

"Le debe parecer como una gran montaña" dijo Rosa, "Una montaña que se mueve".

"Es posible" dijo la abuela. "En este inmenso universo, nosotros los seres humanos somos más pequeños que el más pequeño de los insectos. Somos demasiado pequeños para ver las cosas como realmente son, así que, por supuesto, no podemos ver a Dios".

"Justo como una hormiga no puede entender lo que es un elefante" concluyó Rosa.

"Eso es" dijo la abuela. "Así que en la India representan a Dios algunas veces como un hombre otras como una mujer y también de muchas otras formas y con distintos nombres. La gente suele escoger la forma de Dios que prefiere y reza a esa forma, pero sabe que es tan sólo una pequeña parte del Gran Señor del universo que nadie puede imaginar".

"Eso es muy diferente de lo que aprendemos aquí", dijo Rosa, "pero me gusta la idea de tener dos madres, mamá y la Madre Divina. Si algo le ocurre a la mamá de uno, la Madre Divina cuidará de él".

El colegio

Una semana después Bhole fue al colegio. Tuvo que llevar uniforme y mochila en la que su madre había metido un pañuelo y una caja con su comida favorita. Dos chicos mayores que eran primos suyos vinieron a buscarle. Bhole se sentía triste y no tenía ganas de hablar con nadie.

La escuela no era realmente un edificio. Consistía en una parcela de terreno con unos árboles, y entre ellos cuatro palos sujetaban una techumbre de paja. Había una silla de madera para el profesor y los alumnos se sentaban en alfombras en el suelo. En el colegio había diecisiete niños, Bhole era el más pequeño de edad y sus primos los más mayores. La profesora, una señora mayor a punto de jubilarse, era muy estricta y exigía de los niños una obediencia absoluta. Había asignado a los mayores la tarea de monitores de los más pequeños. Les hacía sentarse en silencio y hacer sus deberes. Si uno de los pequeños hacía algo en contra de las normas, ellos tenían que comunicárselo a la profesora y entonces ella le castigaba con un palo redondo y fuerte que estaba siempre a su lado. Todos le tenían tanto miedo que nadie se atrevía a portarse mal.

Cuando los primos de Bhole le presentaron a la profesora, ésta levantó brevemente la vista del libro que estaba leyendo y señaló un lugar vacío en la alfombra delante de ella y volvió a su lectura. Los chicos le dijeron a Bhole que se sentara, pero él se mantuvo de pie porque pensaba en otra cosa. Había visto en la cueva cómo los nuevos estudiantes que

Las vacaciones

Cuando llegó el verano hizo mucho calor en el pueblo de Bhole. Los niños tenían dos meses y medio de vacaciones ya que hacía demasiado calor para ir a clase. Bhole estaba encantado, porque Babaji le había dicho que podía pasar las vacaciones en la cueva. El único problema era que no sabía cómo llegar allí. No tenía ni idea de en qué dirección ir, ni qué camino coger. Pidió a su tío que le ayudara, pero éste tampoco sabía el camino.

Bhole pasó toda la tarde intentando encontrar la manera de ir allí. Cuando llegó la noche estaba enojado porque Babaji no le había dicho cómo llegar. Luego se acordó de las palabras de Babaji: "Siempre estaré contigo".

"Si está siempre conmigo" pensó Bhole, tiene que estar aquí ahora. Pero ¿Cómo es posible si aquí no hay nadie? Por favor, Baba, no olvides venir a recogerme. Hoy han empezado mis vacaciones".

Puesto que no había nada que hacer sino esperar, decidió llevarse a su perrita de paseo. Pero notó que Madre Perrita andaba más despacio de lo habitual.

"Seguro que le afecta el calor", pensó Bhole.

Anduvo más despacio para que ella pudiera seguirle. Caminaron hasta un sitio desde donde se veían mejor los senderos que subían desde el valle. Decidió sentarse en una roca y esperar porque Madre Perrita tenía todo el aspecto de necesitar un descanso. Miró alrededor, a cada sendero. Creyó que había algo de movimiento en uno de ellos, pero estaba demasiado lejos para saber lo que era.

Un poco más tarde, oyó un ruido detrás de él. Se volvió y no dio crédito a lo que veía. Allí estaban Babaji y dos de los swamis, sonriéndole.

"¡Baba!" exclamó Bhole y corrió hacia él con la cara llena de lágrimas.

Babaji le abrazó y le acarició la cabeza con amor. "¡Tonto!" le dijo "¿De verdad creíste que me olvidaba de mi promesa? Venga, vámonos hacia la casa. Nos iremos a la cueva mañana".

Bhole bailó durante todo el camino y en toda la tarde no paró de hablar. Le contó a Babaji todo lo del colegio y muy orgulloso le enseñó las letras que había aprendido a escribir. Su madre estaba muy sorprendida.

"Nunca habla tanto" dijo. "Yo no sabía nada de lo que cuenta de la escuela. Si me lo hubiera dicho podía haberle ayudado".

"Es mejor que él solito resuelva las cosas cuando tenga un problema" dijo Babaji. "está aquí para aprender mucho más que a leer y a escribir el alfabeto".

A la mañana siguiente cuando se preparaban para marcharse, Bhole se puso con orgullo su uniforme del cole, para que todo el mundo pudiera ver que él era un estudiante. También quería llevarse a Madre Perrita, pero Babaji no estaba de acuerdo.

"El uniforme te va a dar mucho calor, pero si te lo quieres llevar, vale", dijo. "Pero la perrita ha de quedarse aquí. Tiene otras cosas que hacer".

Bhole estaba muy decepcionado. No quería dejar a su querida Madre Perrita, se puso a llorar y hundió la cara en su pelaje.

jóvenes, e incluso un pequeño que permanecía cerca de su madre. Babaji hizo que se sentaran a una distancia prudente y allí pudieron observar la familia de elefantes. Bhole estaba encantado y quería acercarse más, pero Babaji no lo permitió. Luego, el elefante más grande levantó su trompa e hizo un ruido estremecedor. Babaji inmediatamente se puso en pie y señaló con la mano que era el momento de irse. En cuanto volvieron a estar en el camino principal, Bhole preguntó:

"¿Por qué no podíamos acercarnos a los elefantes?"

"Al padre elefante no le gustan las visitas de los humanos, Bhole. Cuando era joven, casi le mataron unos cazadores que querían sus hermosos colmillos. Tiene la responsabilidad de proteger a su familia. Nos dijo que nos fuéramos y les dejáramos disfrutar del baño". Dijo Babaji. "Nunca te acerques demasiado a elefantes salvajes en la selva, hijo, porque pueden ser muy peligrosos".

Siguieron su camino, pero tenían que parar muchas veces a causa del calor. Cuando llegaban a un riachuelo se refrescaban. Bhole estaba muy cansado pero ahora era demasiado grande para que le llevaran en brazos, así que tenía que caminar. Felizmente, en un sitio, un granjero ofreció llevarles hasta el siguiente pueblo en su carro tirado por bueyes. El balanceo del carro tuvo sobre Bhole un efecto sosegador y no tardó en dormirse. Algunos pueblerinos compartieron su cena con ellos y luego les enseñaron un sitio fresco donde dormir.

Bhole se despertó en mitad de la noche y vio que Babaji estaba meditando. Esto le recordó el día en que se sentó muy quieto en el colegio y la profesora pensó que se había dormido. En aquel momento había notado una felicidad nunca experimentada antes.

Decidió sentarse junto a Babaji e intentar sentir eso de nuevo. Pero esta vez le resultaba muy difícil estarse quieto. Continuamente un picor aquí o allí le distraía, y cuando no había picor su cara hacía muecas. Era algo curioso, pero desde luego no era lo que andaba buscando. Bhole se preguntaba cómo podía ser que alguien se estuviera tan quieto tanto tiempo y entonces oyó una voz que decía: "Observa tu aliento y recuerda tu mantra".

Abrió los ojos para ver quién hablaba y sólo vio a Babaji, que estaba meditando.

"¡Bueno! Voy a intentar observar mi aliento y veré qué pasa", pensó Bhole, "Pero ¿dónde está mi aliento? No lo veo".

"Lo puedes sentir en tu nariz" dijo la voz misteriosa.

Bhole volvió a abrir los ojos, pero no vio a nadie. Así que cerró los ojos y notó que cuando el aire entraba en su nariz, su vientre parecía hincharse y cuando el aire salía se deshinchaba. Eso sí que era divertido y nada difícil, así que siguió observando. No tardó en encontrarse muy quieto y un poco adormilado así que decidió volverse a dormir.

A la mañana siguiente Bhole preguntó: "Baba, cuando intenté meditar anoche alguien me estaba hablando pero no encontré a nadie. ¿De quién era esa voz?"

"Era tu propia voz" dijo Babaji.

"¡Oh, no!" dijo Bhole, "yo no dije nada".

"Hay una voz profunda dentro de cada ser humano, Bhole, una voz que lo sabe todo. Si llegas a poder escuchar esta voz interior sin que las cosas del mundo te distraigan, serás un gran sabio".

"Entonces ya no tendré que ir al cole", pensó Bhole. "Tal vez debería aprender a meditar".

De vuelta a la cueva

Cuando llegaron a la cueva, Bhole notó de inmediato que se habían producido algunos cambios. El riachuelo estaba casi seco y el agua tenía un color marrón muy feo. Cada día los swamis tenían que andar veinte minutos hasta un pozo donde llenar los cuencos para beber. Bhole también tenía que acompañarles. No le gustaba nada hacer eso y a veces se negaba a ir.

"No voy a beber mucha agua hoy. Creo que me las arreglaré con la que me quedó de ayer", decía.

Pero los swamis eran muy estrictos: "ahora ya eres un chicarrón, así que ¡tienes que ir!"

Había venido a vivir a la cueva un nuevo Swami y se convirtió en el profesor de Bhole. Puesto que era un chicarrón tenía que estudiar cada mañana, le apeteciera o no. De modo que odiaba el que todos le llamaran "chicarrón". Cada vez que tenía que hacer algo desagradable era por ser "un chicarrón". Deseaba no haber crecido tanto.

Un día decidió dejar de ser grande y volver a ser chiquitito. Así que cuando el profesor le preguntaba algo tan sólo le contestaba "tata" y "gaga" y se chupaba el pulgar como los bebés.

"¿Qué te pasa, Bhole? ¿Has olvidado cómo hablar?" preguntaba el profesor.

"Tata, gaga" contestaba Bhole.

"Esto parece grave" dijo el profesor. "Creo que necesitas la ayuda de un doctor urgentemente. Voy a ver si encuentro alguno que te pueda arreglar la lengua".

Bhole saltó y dijo "¡No, no! Pronto estaré bien".

El profesor se rió tan fuerte que los demás swamis fueron a ver qué pasaba. Bhole se enfadó porque se burlaban de él. Por la tarde se vengó, poniendo un puñado de arena en cada una de sus vasijas de beber.

Bhole podía hacer lo que quisiera por la tarde después de comer, pero solía hacer demasiado calor para salir. Dentro de la cueva siempre se estaba fresco. Prefería quedarse jugando, sin hacer ruido, al lado de su Baba que estaba meditando casi todo el tiempo. Babaji hablaba muy poco aquellos días, pero a Bhole le encantaba estar cerca de él.

Algunas semanas después llegó el "monsoon" y aunque llovía muy a menudo, seguía haciendo mucho calor. A Bhole ya no le molestaba tanto el clima porque había cosas divertidas que hacer. El riachuelo volvía a estar lleno y ya no tenían que ir al pozo. Le encantaba jugar en el agua, pero debía tener cuidado de que la fuerte corriente no le arrastrara. Como llovía, había montones de insectos y otros bichos interesantes en la selva, por ejemplo: sapos y ranas. Bhole sabía que a algunos swamis no les gustaban las ranas y se divertía de lo lindo poniendo alguna en sus camas o en sus rodillas mientras meditaban.

Las lluvias hacían la vida en la cueva más interesante, pero a Bhole le quedaba un gran ajuste más que hacer. La costumbre en la cueva era comer una sola vez al día. Los swamis nunca desayunaban y para cenar sólo tomaban un cuenco de sopa o de leche. Bhole, que estaba acostumbrado a comer tres veces al día, tenía hambre e intentaba tomar todo lo que podía en el almuerzo. Pero aún así volvía a tener hambre y tenía que esperar al día siguiente para comer.

Hermanito

A la mañana siguiente se despertó muy tarde y tan sólo porque algo le estaba husmeando y lamiendo la mano.

"¿Qué es esto?" dijo Bhole, despierto a medias. "¿Dónde estoy?".

Algo estaba dando brincos encima de él, le estaba lamiendo la cara y mordisqueando el pelo.

"¿Quién eres?" preguntó Bhole asombrado.

Luego se acordó de que tenía que ser el hijo de Madre Perrita.

"Así que eres mi Hermano Perrito" dijo con suavidad, "¡eres tan travieso como yo!".

El cachorrito era travieso de veras. Se puso a correr por la habitación con la ropa de Bhole entre los dientes. Bhole tuvo que quitársela de prisa para salvarla de quedar hecha jirones. Levantó al cachorrito para verle bien y notó su gran parecido con Madre Perrita. Bhole le quiso al instante y le abrazó con ternura. Pero el pequeño no tardó en liberarse del abrazo y se puso a corretear por todas partes y a jugar con todo lo que encontraba. Los swamis, que miraban desde el quicio de la puerta, estaban contentos de ver que Bhole ya no estaba triste.

Las dos señoras mayores que lo habían cuidado estaban contentas de que Bhole hubiera vuelto porque el perrito ya les resultaba difícil de manejar. Así es como ocurrió que Bhole se convirtiera en el responsable del cuidado y de la educación de su hermano perrito.

Los swamis ayudaron a Bhole a preparar comida para el perrito. Le enseñaron cómo hacer "chapatis" (pan sin levadura) y cómo mojarlas en leche. El perrito se comió todo lo que había en su cuenco en menos de un minuto y enseguida pidió más. Pero Bhole dijo: "¡No! Has comido bastante. Necesitamos el resto de los chapatis y de la leche para nosotros".

Cuando el perrito entendió que ya no le darían más comida se fue a dormir, y Bhole y los swamis se sentaron a desayunar.

Los swamis habían decidido quedarse con Bhole hasta que volviera su madre, así que se pusieron a

limpiar y arreglar una habitación para los tres. La familia se había ido antes de que empezase la estación de lluvia, y en su ausencia lagartos e insectos habían

Bhaiya va al colegio

Bhole solía pasar la tarde con Bhaiya que estaba creciendo muy deprisa y se volvía más y más travieso cada día. Cuando Bhole se iba al cole por la mañana, tenía que atarlo porque sabía que iba a hacer alguna trastada si le dejaba suelto.

Un día el tío de Bhole dijo: "Tenemos que mandar a Bhaiya al colegio, Bhole. Está demasiado salvaje y no tardará en ser tan grande y tan fuerte que no le podremos controlar. Antes de que ocurra esto tiene que aprender a ser obediente. Si no está bien adiestrado, será un problema para todos nosotros y para él también".

"Pero ¿Dónde vamos a encontrar un colegio para perros?".

"Cerca de aquí, en el valle, hay un hombre que sabe entrenar perros", dijo su tío. "vamos a verle y a preguntarle si aceptaría a Bhaiya como alumno".

El hombre –Bhole le llamó "Tío Perrito" porque tenía muchos perros... – aceptó enseñar a Bhaiya y desde ese día Bhole llevaba cada tarde a su Hermano Perrito al cole.

Era asombroso cómo cambiaba Tío Perrito la conducta de sus alumnos. Bhaiya en seguida quiso a su profesor y hacía todo lo que le decía. Tío Perrito enseñaba con paciencia y amor, sin pegar ni gritar.

"Así es como los profesores deberían enseñar a los niños" pensó Bhole.

Tío Perrito también enseñó a Bhole cómo enseñar a Bhaiya.

Así Bhole aprendió a ser cariñoso y a la vez estricto con Bhaiya, y esto funcionaba muy bien. Ahora cuando subían o bajaban por el sendero Bhaiya le seguía muy obediente. No sólo Bhaiya aprendía de Tío Perrito, Bhole estaba asimilando los principios básicos del arte de enseñar y nunca los olvidó.

"Entonces, es también mi madre", concluyó Bhole. "En realidad la conozco muy bien. Babaji la llama la Madre Divina. Siempre me ayuda cuando tengo un problema, pero me gustaría verla y sentarme en sus rodillas".

"Las montañas de alrededor son su regazo. Somos muy afortunados de haber nacido aquí".

"¡Ah! Por eso será que a veces creo verla cuando miro a las montañas por la mañana. Pero, Abuela ¿Por qué dejó que Madre Perrita muriera?".

"A cada uno, cuando nace, se le da un cierto tiempo para estar en ese cuerpo. Cuando se acaba ese tiempo hay que volver donde se estaba antes de nacer. Después de un cierto período se nace en otro cuerpo. Hay que seguir con este ciclo hasta que se ha aprendido todo y se ha alcanzado la Sabiduría Suprema. Después ya no hace falta nacer más veces. El tiempo de Madre Perrita en ese cuerpo se había terminado, pero tú seguías necesitando compañía. Por eso tienes a su hijo. La Madre Divina cuida de eso. Está llena de Amor y de Sabiduría".

"Sí", dijo Bhole, "Y yo también la quiero mucho, mucho, muchísimo".

Cuando la abuela contestó al teléfono reconoció la voz de Raúl.

"Hola, abuela. Soy Raúl. Tengo una pregunta acerca del libro".

"Hola Raúl, me alegro de oírte. ¿Encuentras el libro demasiado difícil de entender?"

"No, no es difícil, abuela, pero he estado pensando sobre lo que le dicen estas señoras a Bhole. ¿Es verdad que a cada uno se le da un tiempo de vida cuando nace y luego tiene que morir?"

"Esto es lo que cree mucha gente en la India y también en Occidente, Raúl."

"Pues yo no creo que sea verdad, abuela, porque significaría que si me da por cometer una locura y tirarme desde un puente, sobreviviría porque todavía no me ha llegado la hora".

"¿Por qué harías una cosa así, Raúl?"

"No sé. Tal vez porque sería divertido o para fardar".

"Swami Rama dice en sus libros que los seres humanos, y también los animales, están dotados de un fuerte instinto de auto-preservación, Raúl. Está en nuestra naturaleza hacer todo lo posible para seguir vivo. Este instinto es como una voz interior que nos avisa cuando estamos en peligro. Si estás con amigos y quieres fardar, es posible que no escuches esta voz. Es muy peligroso. Por eso muchos jóvenes mueren en accidentes. Swamiji llama a esto una muerte a destiempo, lo cual significa que mueren antes del tiempo que les fue asignado. Escucha siempre tu voz interior, Raúl, y cuídate. Es la mejor forma de seguir vivo.

Visitantes

Un día cuando Bhole volvía de un largo paseo había visitantes en la casa. Vio sus sandalias junto a la puerta de la habitación donde solía estudiar su padre y donde estaban sus libros. Al lado de las sandalias de su tío había otros dos preciosos pares de madera combada, como las que solían llevar los swamis. Sintió mucha curiosidad por saber a quién pertenecían esas sandalias, así que esperó pacientemente fuera, debajo del árbol, con Bhaiya.

Pero parecía que algo no le gustaba a Bhaiya. En vez de dormirse apaciblemente después del paseo, como solía hacer, estaba inquieto y de vez en cuando gruñía suavemente.

"¿Qué pasa, Bhaiya?" preguntó Bhole "¿Por qué no te duermes? ¿Has comido algo que te ha hecho daño? Voy a buscarte agua. Túmbate y descansa".

Pero cuando Bhole volvió con el agua Bhaiya no se había tumbado. Estaba vigilando la puerta de la habitación y parecía furioso, gruñía con el pelo erizado, como si se estuviese enfrentando a un terrible enemigo.

"Algo debe ir mal" pensó Bhole, "pero no me puedo imaginar lo que es".

Un poco más tarde la puerta se abrió y su tío y dos swamis salieron de la habitación. Bhole no los había visto nunca. Llevaban túnicas de seda naranja y enormes turbantes.

"Desde luego no son de nuestra gruta y más parecen príncipes que swamis" pensó Bhole.

Uno de ellos llevaba una larga sobretúnica naranja, sin mangas y con muchos bolsillos, y el otro llevaba un gran palo en la mano. Tenían un aspecto impresionante con sus barbas y bigotes negros.

Una cosa era segura: a Bhaiya no le gustaban. Estaba cada vez más furioso.

"¡Bhole, ata a ese perro!" gritó su tío "¿Qué le pasa?"

"No lo sé, tío", contestó Bhole, "está muy raro".

Bhole intentó atarle, pero no lo consiguió.

"Creo que será mejor que los swamis salgan por la otra puerta, tío" gritó Bhole, "porque ahora no puedo controlar a este animal tan malo".

Su tío y los dos swamis volvieron a meterse en la casa para salir por la puerta de atrás.

Bhole intentó calmar a Bhaiya, pero éste estaba tan fuera de sí que no le obedecía. Cuando vio a los swamis andando por el sendero saltó la verja y corrió tras ellos.

"¡Oh, no! Vuelve aquí" gritó Bhole.

Pero ya era demasiado tarde. Vio a uno de los swamis agacharse para coger una piedra y lanzársela al perro. El swami no se dio cuenta de que algo cayó de su bolsillo cuando se inclinó. Bhole lo reconoció en seguida. Era uno de los libros más valiosos de su padre.

"¡Tío!" gritó "¡Ese swami ha cogido uno de los libros de papá!"

Bhaiya seguía corriendo detrás de los swamis, ladrando y gruñendo ferozmente. Armaba tal escándalo que los vecinos salieron de sus casas para ver qué pasaba. Cuando vieron que Bhole y su tío estaban persiguiendo a los swamis bloquearon el sendero y así los swamis no pudieron seguir. Acudió más gente y otros fueron a prestarles ayuda. Bhaiya estaba de pie frente a los swamis y parecía tan feroz que éstos no se atrevían a moverse.

Bhole y su tío se acercaron a los swamis.

"Faltan tres libros de nuestra biblioteca" dijo el tío de Bhole con ira. "Uno ha caído de tu bolsillo. Ahora, dadme los otros dos".

Bhaiya gruñó con fuerza y enseñó los dientes y los swamis se echaron a temblar. El de la larga sobretúnica sacó lentamente los dos libros de su bolsillo y se los devolvió al tío de Bhole.

"Ahora nos interesa saber lo que lleva en los demás bolsillos" dijo un vecino.

"Nada que tenga que ver con usted". Contestó el swami.

Justo en ese momento, apareció el "pradham", (el alcalde y máxima autoridad del pueblo) y ordenó al swami que se quitase la sobretúnica y enseñase el contenido de sus bolsillos. En cuanto lo hizo, un vecino gritó: "¡Ese es mi reloj! Me lo han robado cuando les ofrecí agua".

"Quitaos también el turbante" ordenó el pradham.

"No", dijo uno de los swamis. "Nuestra religión no nos lo permite".

"¡Tonterías!" dijo el pradham, "Vuestra religión tampoco os permite robar".

Ambos tuvieron que quitarse el turbante en el que habían escondido muchas monedas de oro y piezas de joyería.

"Puesto que sabemos que no sois swamis sino vulgares ladrones, tenéis que quitaros también esas túnicas naranjas" dijo el pradham.

"Vamos a poner todo esto en un saco y llevaros a la policía de la ciudad más cercana".

Los ladrones tuvieron que darle todo al pradham y los vecinos se rieron mucho cuando les hizo quitarse también sus falsas barbas y bigotes.

Bhole y Bhaiya ya se iban. El pradham los llamó.

"Bhole, quiero daros las gracias a ti y a tu perro por el buen trabajo que habéis hecho. Mientras esté aquí Bhaiya no necesitamos policía, así que le nombro jefe de policía de nuestro pueblo".

"No", dijo Bhole, "sólo quiero estar aquí sentado".

Se sentía mareado en medio de tanta gente y un poco nervioso porque esperaba ver a la diosa de un momento a otro.

Luego empezaron los cánticos. Cuando la muchedumbre empezó a cantar el nombre de Ma Ganga, Bhole se sintió muy conmovido. Estaba sentado en la postura de meditación, cerró los ojos y empezó a observar el fluir de su aliento. Sentía como si las voces le elevaran y le llevaran a la cima de una montaña donde todo era paz y belleza. Durante varios minutos estuvo completamente inconsciente de lo que le rodeaba. Su estado de bienaventuranza terminó bruscamente cuando su tío le gritó: "¡Eh, Bhole! ¡Despierta! Empieza el arati".

Inmediatamente bajó de la montaña y se sentó en la escalinata del Ganges. El mareo había desaparecido y ya podía respirar libremente. Le invadía un estado de profunda felicidad. Mientras la gente cantaba, unos sacerdotes vestidos de blanco estaban de pie en la escalinata delante del templo, sujetando grandes lámparas. Enormes llamaradas se desprendían de las lámparas a medida que los sacerdotes las movían rítmicamente, trazando grandes círculos en el aire. Otros sacerdotes golpeaban pesados gongs y otros soplaban en grandes conchas. Todo ello producía un ruido formidable. Bhole se acercó más a su tío. Tenía un poco de miedo con todas aquellas llamas y ruidos, sin embargo estaba muy excitado.

Pero ¿Dónde estaba Ma Ganga? Miró alrededor y no encontró a nadie que pudiera parecer una diosa.

Pensó: "Tal vez está en algún sitio en el cielo".

Miró en esa dirección. Había oscuridad, sólo se veían la luna y unas pocas estrellas. Se sentía muy

desengañado porque la diosa no había aparecido. ¡Los sacerdotes se esforzaban tanto en llamarla y la muchedumbre había ofrecido tantas flores!

"¿Dónde puede estar? Las señoras mayores me han asegurado que la vería en Haridwar, así que tiene que estar aquí. Pero, ¿por qué no se la ve?" pensó Bhole.

"¿Te gustó?" le preguntó su tío mientras caminaban de vuelta al ashram.

"Estuvo bien" contestó Bhole un poco secamente, "pero ahora estoy cansado y quiero dormir".

"Ya dormiste antes de que empezara el arati" dijo su tío. "Tienes que estar realmente agotado. Voy a conseguir algo de comer y luego tendremos un largo descanso. Mañana encontraremos a Babaji".

Ma Ganga

En los días siguientes Bhole disfrutó jugando en el río. Remontando la corriente, donde el agua era un poco más profunda, podía ver a unos chicos nadando. Decidió que él también iba a aprender y se pasó todo el día en el agua. Uno de los swamis fue a enseñarle. Jugaron en el agua hasta cansarse y luego descansaron bajo el gran árbol.

"Me gusta este sitio mucho más que Haridwar", dijo Bhole. "Aquí no hay mucha gente, el agua es más limpia y la corriente no es tan fuerte. Las montañas del otro lado del río también son más hermosas aquí. Pero tengo que volver un día a Haridwar para ver a Ma Ganga".

"¿Ma Ganga? Y ¿por qué no la puedes ver aquí?" preguntó el swami.

"¿Sería posible?" preguntó Bhole. "Creí que sólo aparecía en Haridwar durante el arati".

"¿Quién te ha dicho eso? Mira delante de ti. Está aquí todo el tiempo".

"¿Dónde? No veo ninguna diosa. Lo único que veo es el río".

"Pero es que el río es la diosa Ganga" dijo el swami.

"No te creo. ¿Cómo puede un río ser una diosa? No intentes engañarme, ya no soy un bebé".

Bhole estaba enfadado porque creía que el swami no le tomaba en serio.

"Volvamos", dijo secamente. "Quiero hablar con Babaji".

Se toparon con él, que se dirigía al río.

"¿Qué te pasa, Bhole?", preguntó.

"Quiero ver a Ma Ganga", dijo Bhole. "Es decir, a la diosa misma, no a un río".

"¡Ven aquí!" dijo Babaji apoyándose en una roca. "¡Ven más cerca!"

Bhole no entendía lo que Babaji quería que hiciera.

"¡Más cerca!" repitió Babaji.

Luego puso sus brazos alrededor de Bhole y le apretó contra su pecho.

"¿Qué ves?" preguntó Babaji.

"Nada" dijo Bhole.

"Vuelve a mirar" dijo Babaji. "Dime exactamente lo que ves".

"No lo sé, porque me aprietas demasiado. ¡Ay!".

"Utiliza tus ojos y dime qué es lo que ven". Dijo Babaji.

Bhole se puso a reír.

"Mis ojos ven pelos en tu pecho. Veo tu piel y unos puntitos negros."

"¿Me ves a mí?" preguntó Babaji.

"En realidad no", dijo Bhole. "Si me aprietas tanto sólo puedo ver una parte muy pequeña de ti."

"¡Bien!" dijo Babaji mientras se dirigía al río. "¿Qué ves ahora?" preguntó.

"Veo agua que fluye" contestó Bhole. "El color del agua cambia constantemente".

Entonces Bhole se echó a reír y preguntó: "¿puede que esto sea sólo un pelo de la diosa Ganga?"

"¡Enhorabuena! Ahora lo entiendes", dijo Babaji. "Vamos a sentarnos aquí".

Se sentaron en una gran piedra plana cerca del agua. Bhole estaba eufórico. Empezaba a entender, poco a poco, que Ma Ganga no era una bellísima

Mientras tanto un swami había ido al río a buscar a Bhole. Cuando volvió sin él, Babaji dijo: "Está en la cabaña. Dile por favor que venga".

Cuando Bhole oyó que Babaji quería verle, se negó a ir.

"No me encuentro bien", dijo. "No puedo ir. Por favor déjame dormir".

Así que Babaji mandó a otro swami para saber lo que le pasaba.

"¿Cuál es el problema, mi querido hermano?" dijo el swami mientras se sentaba junto a la alfombrilla que era la cama de Bhole.

"No lo sé", dijo Bhole. "Creo que me voy a morir. Por favor déjame solo, quiero decir mis oraciones".

"¿Puedo hacer algo por ti, Bhole?"

"Sí, vete y no vuelvas", dijo Bhole secamente.

Todo parecía absolutamente desesperanzador. Bhole se acordó de que había sentido lo mismo la tarde en que supo que Madre Perrita se había muerto. Aquella vez había rezado a la Divina Madre para que le ayudara y así fue. Pero ahora estaba demasiado enojado y trastornado para rezar. No quería ayuda de nadie. Sólo deseaba desaparecer en la nada para poder escapar del terrible dolor. Le hubiera gustado poder dormirse, pero era demasiado temprano y hacía un calor terrible en la cabaña. Estaba sudando y empezó a sentir nauseas. Necesitaba salir al aire fresco.

Cuando salió fuera no había nadie alrededor.

"Seguro que se lo están pasando muy bien todos en la gran tienda", pensó Bhole con ira.

Decidió que necesitaba meterse en el agua fresca y se encaminó hacia el río. Encontró un sitio entre unas rocas, donde podía sumergirse sin que le arrastrara la corriente. Flotar en el agua fresca le hizo sentirse mejor. Poco a poco sintió que la fuerza le volvía. Subió a una roca y se sentó mirar el río.

"Ma Ganga, por favor, aleja esta pena de mí", rezó. "Llévate también mis pensamientos, ya no los quiero. Llévatelos lejos, al golfo de Bengala, y no permitas que vuelvan".

Cada vez que le venía un pensamiento triste, se imaginaba que lo tiraba al agua y que la rápida corriente lo hacía desaparecer. Así le parecía que el río se llevaba su pena. Poco a poco se sintió aliviado hasta que tuvo la fuerza suficiente para volver al campamento.

En el camino, vio que Babaji iba a su encuentro.

"¡Ah! ¡Bhole! ¡Hijo, aquí estás!, Quiero presentarte a Nitin. Nitin, te presento a Bhole".

Bhole no sabía qué decir ni adónde mirar. Vaciló y luego le tendió la mano sin decir nada.

"Bhole, quiero que lleves a Nitin al doctor que vive cerca del templo Virbhadra donde estuvimos hace unos días. Necesita recoger unas medicinas. Si os vais ahora podéis estar de vuelta antes del anochecer. No pierdas tiempo. ¡Id inmediatamente!".

Y Babaji se fue a su sitio de meditación, dejando a los dos chicos solos.

Sin decir ni una sola palabra, Bhole echó a andar por el camino del templo con Nitin siguiéndole. Ambos se mantuvieron en silencio.

"¡Qué feo es este chico!", pensó Bhole. "Es flaco, de tez muy oscura y tiene granos en los brazos, en el cuello y en la cara. Tiene el pelo tan rizado y descuidado que se le forman trenzas. ¿Cómo pudo Babaji aceptar como estudiante a un chico tan sucio?"

Bhole andaba todo lo deprisa que podía y ni se molestó en comprobar si el chico era capaz de seguirle. Pero Nitin no tenía ninguna dificultad. Estaba acostumbrado a andar deprisa. Llegaron pronto a la casa del doctor y le encontraron sentado en el porche.

"¿En qué puedo serviros, chicos?" preguntó el doctor en tono amistoso.

"Babaji me ha dado esta carta", dijo Nitin y sacó un papel de debajo de su camisa.

El doctor lo leyó despacio.

"Ya veo", dijo. "Necesitas medicinas para swamiji".

"Sí, Doctor, está sufriendo muchísimo. Tiene las rodillas tan hinchadas que casi no puede andar, ni puede sentarse a meditar. También tiene mal los ojos, me temo que pronto se quedará ciego".

"¡Cómo lo siento!" dijo el médico. "Voy a ver si encuentro algo que le mejore. Sentaos aquí y servíos agua. Volveré en seguida".

Mientras, en la mente de Bhole había surgido otra tormenta tremenda. Lo que Nitin acababa de decir le obligaba a cambiar completamente de opinión. Los pensamientos que le habían atormentado tanto resultaban ser absolutamente falsos.

"¿Cómo es posible?", pensó. "¿Me estoy volviendo loco o había alguna clase de demonio o de espíritu malo dentro de mí? ¿Qué es lo que me hizo creer que Nitin era estudiante de Babaji? ¿De dónde vinieron todos estos malos pensamientos?"

Bhole se sentía tan avergonzado que deseaba no haber nacido.

Cuando el doctor volvió, Nitin señaló a Bhole y dijo: "Creo que él también necesita una medicina".

El doctor miró a Bhole y le preguntó: "¿Cuál es el problema?".

"No, nada", dijo Bhole. "Sólo que con el calor me mareé un poco esta tarde, pero Ma Ganga me ha curado y ahora estoy bien. No necesito ninguna medicina, gracias".

"Debéis tener cuidado en esta época del año. Protegeos del sol todo lo que podáis", dijo el doctor. "Ahora, volved al campamento rápidamente o tropezaréis con un rebaño entero de elefantes".

En el camino de vuelta, Nitin señaló las montañas detrás de Rishikesh y dijo: "Mira, ahí es donde vivo. Me tengo que ir temprano mañana por la mañana. Con un poco de suerte puedo llegar a mi casa en un día".

"¿Vives en una cueva?" preguntó Bhole.

"No, sólo hay una cabaña para Swamiji y para mí", dijo Nitin. "¿Ves el humo en la falda de esa montaña?. Proviene de fuegos en la selva, los tenemos todos los años. Solía vivir justo allí".

Señaló un lugar donde se veía el humo claramente.

"Allí es donde murieron mi madre, mi hermano y mis hermanas", siguió diciendo. "El fuego nos alcanzó cuando intentamos escapar. Estaba medio muerto cuando alguien me encontró y me llevó a Swamiji. Él me curó las heridas y me salvó la vida. Estas marcas que tengo en la cara son las cicatrices de las quemaduras. Pero ya estoy bien. Se lo agradezco a Dios y a Swamiji".

"¿Y tu padre?", preguntó Bhole.

"No sé dónde está. Se fue a Rishikesh a buscar trabajo hace mucho tiempo y nunca volvió. Tal vez murió en un accidente o se lo comieron los animales salvajes. Cuando yo era pequeño vivíamos en el sur de la India. Pero mi padre no encontraba trabajo allí, así que nos vinimos aquí. Encontró un trabajo y vivíamos en una cabaña en la selva. Era un sitio muy bonito y tranquilo, pero había muchos tigres y lobos alrededor y teníamos que vigilar todo el tiempo. Cuando mi padre perdió el trabajo, se fue a Rishikesh

Babaji un gran abrazo. "Eres el mejor profesor del mundo. Sin ti sería un chico muy malo".

"No hay malos chicos, hijo, eso no existe", dijo Babaji. "No puedes reprocharle algo a alguien si nadie le ha enseñado lo que es correcto. Y ahora, lo mejor es que vayas a nadar, porque mañana nos marchamos por la mañana muy temprano, y ya no podrás hacerlo".

"Abuela, yo nunca había oído eso de observar mis pensamientos para saber si mienten o no. ¿No es un poco raro?".

"Yo tampoco había oído hablar de ello, Raúl, pero ¡ojalá mis padres y profesores me lo hubieran dicho cuando era niña! Para mí, antes, no había diferencia entre yo y mis pensamientos. Así que cuando tenía un pensamiento negativo me creía mala persona y me sentía culpable. Babaji le enseñó a Bhole a controlar sus pensamientos, aprendiendo a observarlos con la meditación y eso es muy útil".

"Creía que meditar significaba sentarse en quietud para estar cerca de Dios", dijo Raúl. "Ahora parece ser algo totalmente distinto".

"Mira, Raúl, cuando uno se sienta a meditar intenta entrar en quietud, pero eso no es fácil. Hay que practicar muchísimo de forma sistemática antes de acercarse a Dios. Primero hay que aprender a mantener el cuerpo quieto en una postura cómoda para que no estorbe. Luego la respiración se vuelve suave, regular, profunda y sin interrupción. Hace falta mucha paciencia y práctica para perfeccionar estos pasos preliminares. En cuanto se dan esos pasos, se observa que hay miles de pensamientos que rondan por la mente y no se pueden parar. Es como si fueran ellos los señores y uno el esclavo. Al principio, cuando uno se sienta e intenta estar quieto algunos minutos, parece imposible. Uno puede decir que la

meditación es algo demasiado difícil. Es mucho más fácil mirar la tele o jugar con el ordenador.

Sin embargo, en cuanto se entiende que estos pensamientos no son uno mismo, sino diseños de energía que dan vueltas en la mente, hasta puede ser divertido mirarlos mejor. Es como mirar un programa personal de televisión. A veces los pensamientos pueden parecer locos y divertidos y nos interesamos por ellos. Pero también pueden ser muy aburridos. En cualquier caso, es posible decidir no darles ninguna atención. Se les puede tratar como si fueran monitos jugando en los árboles. Uno sonríe y los olvida.

Pero hay algunos pensamientos que no se van tan fácilmente y que vuelven y vuelven en cuanto uno intenta estar en quietud. Con éstos hay que ser más estricto. Después de practicar la meditación algún tiempo, uno aprende a observar mejor los pensamientos. Entonces se puede preguntar: "¿Sois útiles o sois una mentira?" Los útiles se pueden atender después y los que no, se deja que se desvanezcan. Si se repite este proceso muchas veces durante muchos años, la mente se vuelve clara como el cristal y permite estar realmente quieto, Raúl".

"Yo creo que me gustaría más dormir en la cueva con Babaji", dijo Bhole.

"Como quieras, pero allí por la noche hace frío. Arrópate bien con una manta".

Bhole hizo su cama en la cueva donde Babaji y el swami estaban meditando. Él también intentó meditar, pero tenía mucho sueño y no se podía concentrar. Así que se tumbó y sintió el silencio profundo de la cueva.

"Es como si pudiera tocar el silencio", pensó.

Luego oyó a Babaji y al swami hablar en un idioma que él no podía entender. No era ni Sánscrito, ni Hindi, ni Bengali, pero sonaba hermoso y melodioso.

"Mañana le preguntaré a Babaji si quiere enseñarme este lenguaje", pensó antes de dormirse.

Soñó con Bhaiya cuando todavía era un cachorrito. En su sueño estaba durmiendo debajo del árbol cerca de su casa, pero Bhaiya quería jugar y lo estaba intentando todo para despertarle. Bhole le acarició esperando que esto le satisficiera. Pero entonces se despertó, porque algo suave y peludo le tocaba realmente la mano.

"Este no es Bhaiya, parece el pelo de un gato", pensó.

Abrió los ojos y descubrió que tampoco era un gato. Había tres tigrecitos trepando sobre su cuerpo, intentando encontrar un sitio cálido para dormir. Cuando Bhole los acarició ronronearon muy fuerte y le lamieron las manos. Bhole estaba a punto de llamar a Babaji, pero a la luz de la lámpara de aceite podía ver que el swami y él estaban en profunda meditación.

"Espero que a su madre no le importe que yo sea su canguro esta noche", pensó.

Parecía que les había gustado a los cachorros. Se instalaron cómodamente en sus brazos ronroneando a más y mejor. Sus suaves cuerpecitos le daban calor y antes de volverse a dormir se preguntó qué iba a ocurrir cuando la madre volviese a buscarlos.

Se despertó temprano por la mañana, pero los tigrecitos ya se habían ido. Babaji y el swami acababan de volver del Ganges donde se habían bañado.

"¿Has dormido bien?", preguntó el swami con risa en los ojos.

"Muy bien", dijo Bhole sonriendo. "Tenía tres tigres para mantener el calor".

"Los vi salir de la cueva cuando volvió su madre con su presa. Tendrán bastante comida para los próximos días", dijo el swami.

Luego, de repente, oyeron un tremendo rugido que parecía venir justo de la entrada de la cueva. Bhole se sobresaltó.

"Ese debe ser el padre", dijo el swami. "Ha venido a reclamar su parte de la comida. Pero la madre no quiere que esté en su territorio cerca de sus bebés, así que no va a ser nada cariñosa con él. Mejor nos quedamos aquí dentro hasta que termine la pelea".

Bhole estaba aterrorizado por los sonidos que venían de fuera.

"¿No hay manera de cerrar la entrada a esta cueva?" le preguntó a Babaji.

"No tengas miedo mientras estemos aquí dentro", dijo Babaji. "La madre está defendiendo a sus pequeñuelos y el padre tiene que aceptar que no es bienvenido".

A Bhole le pareció que los rugidos durarían para siempre, pero por fin el padre se fue y el silencio volvió a los alrededores. Bhole no se sentía a gusto porque temía que el tigre siguiera cerca y entonces seguro que tendría hambre y estaría furioso, así que decidió

El Baba escribió algo en la pizarra y se lo enseñó a Bhole. "¿Qué puedo hacer para que seas feliz?", leyó Bhole en voz alta.

No sabía qué contestar. Finalmente, dijo: "Estoy feliz de estar aquí y de conocerte, Babaji, pero por favor dime por qué escribes en vez de hablar".

El Baba tardó en escribir la respuesta:

"Palabras de oro, no las des fútilmente. Palabras de hierro guárdalas para ti. Palabras de fuego, ofréceselas a Dios".

Bhole no tenía ni idea de lo que significaba todo esto.

"Tendré que pensar sobre ello" dijo educadamente.

El Baba limpió la pizarra con un pedazo de tela y escribió: "¿Cuál es tu fruta preferida?"

"Las manzanas", contestó Bhole sin vacilar.

"Puedes coger una del árbol que está allí" escribió el Baba señalando un árbol.

"Pero esos árboles no son manzanos", dijo Bhole extrañado, "Y además no es época de manzanas".

"Ve y mira" escribió el Baba con una gran sonrisa.

Bhole no quería ser descortés, así que bajó por el camino hasta los árboles.

"¡Tal vez este Baba está un poco loco. Primero me da una respuesta que no puedo entender y ahora me dice que coja una manzana de un guayabo!", pensó Bhole.

El primer árbol que examinó no tenía ninguna fruta.

"Creo que esto es una broma y probablemente están todos riéndose de mi".

Cuando se acercó a otro árbol, vio que había una gran manzana roja y amarilla que colgaba entre las guayabas todavía sin madurar. Bhole estaba asombradísimo.

"¿Cómo es posible que crezca una manzana en un guayabo?", pensó.

Después de coger la manzana todavía no podía creer que fuera de verdad. Pero olía muy bien, nadie podría decir que no fuera una manzana. Volvió a la cueva donde Baba y los swamis se estaban riendo.

"¿Esto es una manzana de verdad o es una broma?", preguntó Bhole.

"Baba es un "sida yogui", Bhole", dijo uno de los swamis. ", ha adquirido muchos siddhis porque ha meditado muchos años. Puede crear la fruta que quiera en estos árboles".

"Si pido un plátano, ¿puede hacerlo aparecer en el mismo árbol?" dijo Bhole en broma.

"Sí, Bhole", dijo el swami. Bhole miró la manzana, todavía dudando de que fuera real.

"¿Puedo comérmela?" preguntó.

"Claro que sí", contestó el swami. "No hay nada malo en esa manzana. ¡Venga! Parece muy apetitosa".

Bhole le dio un mordisco y encontró que en efecto, era una manzana excelente.

Cuando se fueron, Bhole no sólo tocó los pies del Baba, también se inclinó ante él tan profundamente como le era posible. Estaba muy impresionando por los extraordinarios poderes de ese yogui y decidió que era el mayor santo que había visto.

Bhole se preguntó por qué Babaji nunca hacía ese tipo de cosas. "Tal vez es porque medita todo el tiempo", pensó. "Está intentando obtener estos siddhis. ¿No sería maravilloso que le pudiéramos decir lo que queremos comer y lo creara para nosotros?. Cuando haya practicado la meditación durante muchos años tendré siempre la mejor comida que haya. En cuanto volvamos a la cueva voy a meditar cada día".

Continuaron su viaje. El sendero tenía más y más pendiente y el sol quemaba. Bhole estaba cansado y empezó a buscar un sitio donde descansar, pero no había ningún árbol. Hasta donde le alcanzaba la vista no había nada más que rocas, matorrales y fuertes pendientes.

Bhole se quejó: "¿No podemos sentarnos en algún sitio? Me duelen las piernas".

"A un kilómetro de aquí hay una cascada. Allí descansaremos y comeremos", dijo uno de los swamis.

Ese kilómetro le pareció a Bhole como diez.

"No creo que haya ninguna cascada", masculló. "Te la inventaste para que siguiera andando".

El swami se rió.

"Dame un poco más de tiempo, Bhole. Mis siddhis todavía no son tan buenos como los del Baba".

"¿Quieres decir que puedes crear una cascada y un sitio de sombra para nosotros?", preguntó Bhole lleno de asombro.

"Hmm", dijo el swami, "veamos qué encontramos a la vuelta de esta curva".

Cuando el camino rebasó la curva vieron un magnífico valle en medio de esa zona tan árida. De las montañas bajaba una enorme cascada, produciendo un magnífico arco iris donde coincidían las gotas y los rayos de sol. Había grandes árboles y muchos setos verdes y hasta una pequeña piscina natural donde el río se recogía antes de seguir su camino. Allí el agua tenía un maravilloso color verde. Bhole no había visto nunca un sitio tan hermoso como este. Miró al swami con reverencia.

"¿Cómo has hecho esto?" preguntó. "Tienes que ser un gran yogui también". Los otros swamis se echaron a reír.

"¡Bhole, no le creas! Ha estado aquí antes y conocía este lugar. Le fue fácil predecir lo que nos esperaba al doblar la curva. Él no tiene ningún siddhi, sólo nos tomó el pelo".

Se rieron mientras se sentaban a comer a la sombra.

Después, Bhole no pudo resistir la necesidad de tumbarse y se durmió al instante. Soñó con palabras doradas flotando en el aire. La gente intentaba atraparlas y cuando lo lograban eran muy felices.

Había también palabras de hierro, alineadas como soldados y con armas afiladas y peligrosas. No eran amistosas y todo el mundo parecía tenerles miedo. Luego notó algunas palabras de fuego. Expandían una magnífica y suave luz cálida. Cuando la gente las vio cayeron de rodillas para adorarlas.

"Ahora sé el significado de la respuesta del Baba", dijo Bhole cuando se despertó. "Las palabras de oro dan felicidad, las de hierro dañan y las de fuego llevan a Dios. Pero sigo sin entender por qué no quiere hablar".

"Es parte de su práctica, Bhole. Quiere utilizar palabras de oro y evitar las de hierro. Habitualmente, cuando hablamos, las palabras salen de nuestra boca tan deprisa que no tenemos tiempo de notar su calidad. Después, a veces, deseamos no haberlas dicho. Si escribes las palabras en una pizarra tienes tiempo de examinarlas y de escoger las mejores".

"Ahora lo comprendo" dijo Bhole. "¿Dónde vamos?"

"¿Ves ese puntito blanco?" dijo el swami, señalando la cima de la montaña. Ese es el ashram donde vamos a pasar la noche".

"¡Oh, no! ¿Cómo vamos a llegar hasta allí? Esa montaña es demasiado empinada" se quejó Bhole.

"Hay un camino en zigzag. Ya puedes ver una parte en esa pendiente de allá".

conoce? Estoy seguro de que no nos hemos visto nunca".

"Por favor, entrad y bebed algo" dijo el Baba. "Luego los brahmacharis os enseñarán dónde dormir. En cuanto os hayáis instalado podéis venir y sentaros conmigo cuando queráis".

El sol ya se estaba poniendo detrás de las montañas, tiñendo los picos nevados de naranja y rojo vivo. Bhole y los swamis se sentaron sobre la pared de piedra para ver el espectáculo. Los colores eran tan hermosos que parecía que de repente se había hecho visible un rincón de paraíso. Bhole sintió que los ojos se le llenaban de lágrimas y le embargó un profundo anhelo de algo que no podía describir.

"Me gustaría que Babaji estuviera aquí y Bhaiya, y ...".

De repente se dio cuenta de que lo que de veras quería, por encima de todo, era poder poner la cabeza en el regazo de la Madre Divina y quedarse allí para siempre. Ese era su verdadero anhelo.

Luego todos se sentaron a cenar con el Baba y disfrutaron de la comida preparada por los brahmacharis. Baba saboreó la fruta que le habían traído Bhole y los swamis.

"Babaji no ha comido más que fruta durante los últimos cincuenta y ocho años" explicó uno de los swamis.

Bhole estaba asombrado. "¿Sólo fruta y nada más? ¿Ni chapatis, ni leche, ni verduras?"

"No. Sólo toma fruta y agua, y puedes ver que pese a su edad goza de muy buena salud".

"¿Qué edad tiene?" preguntó Bhole.

"No lo sé. Pregúntaselo tú mismo".

"Babaji, por favor, ¿Qué edad tiene?", le preguntó Bhole.

"Mi querido hermano, ¿te parezco viejo? Soy un bebé recién nacido. La Madre acaba de dar a luz a este niño", contestó el Baba.

Bhole estaba lleno de asombro por la respuesta del Baba, pero no hizo más preguntas. Ya se estaba acostumbrando a obtener contestaciones raras de los yoguis.

Cuando terminaron de comer el Baba dijo: "Hagamos "Kirtan" (cantar cánticos)".

Todos le siguieron a una gran sala y se sentaron en cojines a su alrededor. Babaji empezó a cantar con una voz tan profunda y melodiosa que sonó como la campana de un templo. Se acompañaba de un "harmonium" (un pequeño teclado musical que suena como un órgano) y uno de los brahmacharis tocaba la "tabla" (un tambor hindú). Bhole y los demás cantaron y llevaron el ritmo con las palmas. El Baba era muy buen músico y conocía muchas canciones que no eran difíciles de aprender porque se repetía la misma frase una y otra vez. Siempre empezaban lentamente e iban a un ritmo cada vez mayor. Bhole disfrutó muchísimo y se olvidó por completo de lo cansado que estaba.

Después de algún tiempo pareció como si el Baba estuviera perdiendo todo contacto con el mundo que le rodeaba. Parecía estar completamente arrebatado por la música. Su canto se hizo más y más alto, más y más rápido. Luego se puso de pie y empezó a bailar. Los brahmacharis se quedaron cerca de él para impedir que se cayera y se hiciera daño.

Estaba cantando una canción a la Madre Divina.

"Madre, por favor, escucha a tu niño. Tu niño llora por ti. Madre, por favor escucha, toma este bebé en tus brazos y no le dejes sufrir más. Por favor, Madre, por favor".

Mientras cantaba empezaron a caer lágrimas sobre sus mejillas. Esto hizo que Bhole se sintiera triste y pronto él también tenía lágrimas en los ojos. De repente, tuvo un escalofrío. Notó que la habitación se había quedado fría y estaba muy cansado. Cogió una manta que había en un rincón y sin hacer ruido dejó la habitación y se fue a la cama.

Acostado debajo de la manta pensó: "Ahora sé que no soy el único hijo de la Madre Divina que anhela verla. Me pregunto si alguien alguna vez la ha visto.

Se tapó la cabeza con la manta y se durmió.

"Abuela, estos yoguis ¿Son magos como los del libro de Harry Potter?" Preguntó Raúl.

"Realmente parece como si lo fueran ¿Verdad?", dijo la abuela riéndose. "Pero Swami Rama nos aseguró una y otra vez que los poderes del yogui no tienen nada que ver con la magia. Los yoguis pueden hacer cosas que no son habituales porque han descubierto y saben cómo funcionan las energías en nuestros cuerpos y en todo el cosmos. Algunos Maestros como Babaji son capaces de manipular estas energías para propósitos útiles".

"Abuela, ¿has presenciado tú misma algunas de estas cosas milagrosas en la India?, Quiero decir: ¿Estas cosas siguen ocurriendo?".

"Ocurren en todas partes, Raúl, pero no solemos darnos cuenta. Sólo vemos las cosas que podemos entender. Si notamos algo que no es habitual, solemos pensar que hemos tenido algún error de percepción, y no hablamos de ello porque no queremos que nuestros amigos se rían de nosotros. Si decides mantener tu atención en todo, incluso en las cosas extraordinarias, seguro que te encontrarás con algunos de estos "milagros" en tu vida.

El hospital

Después del frescor nocturno se sintieron repuestos y alegres aquella mañana. Tras el desayuno, dieron las gracias al Baba por su maravillosa estancia y continuaron su viaje. La siguiente parada sería el hospital. Al pasar por un pueblo vieron una tienda de ropa. Uno de los swamis le preguntó a Bhole si le gustaría entrar y comprar ropa nueva.

"Claro", dijo Bhole, "la mía está muy desgastada y sería estupendo tener algo nuevo".

Así que compraron una camisa de algodón y un par de pantalones para Bhole y también algo de fruta. Eso le recordó a Bhole la milagrosa manzana roja del día anterior. Cuando estaban descansando a la sombra al borde de la carretera, preguntó: "Este Baba que canta ¿también tiene siddhis? Quiero decir: ¿hace la fruta que se come o la compra en el mercado?"

"No creo que tenga que hacer la fruta" le contestó un swami, "los visitantes y la gente del pueblo le traen toda la que necesita".

"Sigo preguntándome ¿qué edad tendrá?" dijo Bhole.

"La gente dice que tiene mucho más de cien años", dijo el swami, "pero él mismo ya no sabe la edad que tiene. Dice que no es importante. Ese Baba es un "bhakta yogui", uno que alaba a Dios todo el tiempo. Su mente está siempre concentrada en Dios en forma de la Divina Madre".

"¿Crees que la ha visto alguna vez?"

"Es muy posible, Bhole. Cuando un yogui está en meditación profunda, entra en un estado de consciencia llamado "samadhi". Es el estado más elevado de todos. En ese estado uno conecta con lo Divino".

"Parece como si este Baba estuviera en samadhi todo el tiempo. ¿Cuántos años hay que meditar para alcanzar este estado de samadhi?", preguntó Bhole.

"No lo sé. Mejor pregúntaselo a Babaji. Él sabe más de estas cosas".

Andando llegaron a un riachuelo. No había mucha agua en el ashram arriba de la montaña, así que disfrutaron con un buen baño. Después Bhole se puso la ropa nueva y siguieron su camino.

Al mediodía llegaron al hospital y la gente que trabajaba allí les acogió muy bien. El cirujano oftalmólogo del hospital era el padre de uno de los swamis y se alegró de ver a su hijo. Un médico Inglés dirigía el hospital, era alto y flaco, y tenía la cara blanca y cubierta de pecas. Su pelo y su bigote eran rojizos. Cuando el doctor se dirigió a Bhole éste se mostró muy tímido, no supo ni qué decir ni dónde mirar. No entendía lo que el doctor hablaba porque lo hacía en inglés. Le sorprendió que los swamis pudieran comunicarse con él.

Bhole nunca había visto a un inglés, ni en su pueblo ni en la cueva. De camino a Haridwar se encontró con unos soldados británicos y le había preguntado a su tío de dónde venía esa gente y por qué parecían tan diferentes de los hindúes. Su tío le había dicho que eran de un país llamado Inglaterra, donde el sol no brilla mucho.

"Por eso son tan pálidos", le había explicado. "Hace muchos años hicieron de la India una parte de su reino. Así que ahora nos gobiernan y tenemos que obedecerles".

El médico inglés les enseñó el hospital, que constaba de un edificio grande y otros más pequeños. En una de las salas mayores mucha gente esperaba a que un médico les atendiera. Había enfermeras con batas blancas cuidando a pacientes tumbados en altas camas blancas. A Bhole le causó mucho impacto ver cuánto sufrían algunos y deseó poder hacer algo que les ayudase.

"¿Cómo puede un médico aliviar a esta gente?", preguntó.

"Pueden limpiarles las heridas, darles medicinas y a veces pueden emplear la cirugía para salvarles la vida", dijo el swami.

"¿Qué es la cirugía?", preguntó Bhole.

"La cirugía es el uso de instrumentos para reparar o quitar partes del cuerpo que están demasiado enfermas para ser curadas de otra manera", dijo el swami.

"¡Pero eso debe de doler muchísimo!", exclamó Bhole horrorizado.

"Sí", dijo el swami, "pero antes de la operación se le da al paciente una medicina que le duerme y así no siente nada".

Tras la visita del hospital, fueron al club donde el padre del swami les había invitado a comer con él. Para llegar allí tuvieron que cruzar un parque con grandes árboles y muchas flores hermosas. Se les pidió que esperaran en el porche del gran bungalow de piedra hasta que la comida estuviera lista. Bhole miró al interior, había numerosas mesas y sillas como nunca había visto. También había preciosas pinturas en las paredes, cortinas en las ventanas y plantas en grandes macetas. Para Bhole era como estar en otro mundo.

"¿Te gusta nuestro club?", preguntó el padre del swami.

Atrapar un burro

Los otros dos swamis siguieron descansando debajo de los árboles, pero Bhole no se sentía cansado así que decidió dar una vuelta por el parque. ¡Todo estaba tan limpio y ordenado!. Había hermosas flores, muchos pájaros que nunca había visto antes y monos que jugaban al escondite en las ramas de los árboles.

De repente pasó un burro corriendo y detrás una niña que intentaba atraparlo. El burro se dirigía a los parterres de flores y la chica intentaba cogerlo antes de que eso ocurriera. Cuando el burro llegó cerca de Bhole, éste agarró la cuerda que le colgaba del cuello. El burro se paró antes de llegar a las flores. La niña se puso muy contenta y empezó a hablar a Bhole en inglés.

"Tiene que ser la hija del director", pensó Bhole. "Tiene el mismo color de pelo y también la cara llena de pecas".

La chica intentaba conseguir que el burro se fuera con ella, pero por mucho que tiraba el animal se negaba a moverse, quería ir donde las flores y a ningún otro sitio.

Bhole pensó en un medio de engañar al burro. Cogió unas flores, se las enseñó y empezó a correr delante de él. El animal le siguió inmediatamente. Así lograron sacarlo del parque y meterlo en la zona cercada donde se le guardaba. Cuando cerraron la verja Bhole notó que el cierre podía abrirse fácilmente desde dentro. Encontró dos grandes piedras y las puso delante de la puerta para que el burro no pudiera volver a escaparse.

Uno de los swamis fue a ver qué estaba haciendo. Bhole le dijo cómo había impedido que el burro se comiera las flores y le enseñó la forma en que había atrancado la puerta.

"Muy bien hecho", dijo el swami.

En este momento unas gotas de lluvia anunciaron la llegada de una gran tormenta. Una señora inglesa salió de la casa que estaba al lado del pradillo donde estaba el burro.

"Mamá" dijo la chica. "¿Has visto lo que ha hecho este chico?. Me ayudó a atrapar a Tomás que corría por el parque y se las arregló para conseguir que volviera, y ¿sabes cómo?. Dejándole oler sus flores favoritas y corriendo delante de él con las flores en la mano ¿No es eso inteligente?".

"Sí, querida, pero ahora entra, va a haber una gran tormenta".

Bhole y el swami se dieron la vuelta para volver al hospital, pero la señora dijo: "Por favor, entrad en la casa. Es demasiado peligroso andar bajo los árboles con estos rayos. Entrad y tomad un té con nosotros".

Poco después, el cielo se puso muy oscuro y empezó a llover a cántaros. Bhole y el swami lo vieron desde la gran veranda de la casa. Bhole sólo entrevió la cara de la señora antes de que se fuera al interior y lo que había observado le dejó asombradísimo. Tenía el pelo y la cara completamente blancos y sus ojos también eran muy extraños. Parecían ser azules en vez de marrones, como Bhole pensaba que era el color normal de ojos para todos los seres humanos.

"¿Qué le ha pasado a esa señora en la cara?" preguntó al swami, "Y ¿qué se ha hecho en el pelo y en los ojos?"

"Bhole, es Inglesa", dijo el swami riéndose. "En occidente muchos tienen el pelo rubio y los ojos azules. Nacen así y se considera muy bonito".

"No me gusta", dijo Bhole. "Parece un fantasma y me da miedo".

"No digas eso, Bhole, si llegas a conocerla verás como no es un fantasma".

La señora volvió pronto y les invitó a pasar y a sentarse en sillas alrededor de una mesa grande llena de sándwiches, de galletas y de dulces. En una bandeja de plata brillante había una gran tetera y tazas con sus platitos. La niña ya se había sentado y bebía leche de una gran taza. Sentadas a su lado estaban dos chicas más, una muy alta y la otra más o menos como Bhole. La madre las presentó. El nombre de la mayor era Maude, la otra era Beth y la más pequeña Ann. A todos se les dio un plato con comida y una taza de té. Bhole sintió un gran alivio cuando vio que las chicas comían con los dedos. Todos hablaban inglés, así que Bhole tuvo oportunidad de mirar alrededor de la habitación que estaba llena de objetos que no le resultaban familiares.

Siguió lloviendo abundantemente y luego hubo rayos seguidos de truenos. Bhole no tenía hambre porque no estaba acostumbrado a comer a esa hora y tampoco le gustaba el sabor de la comida. Estaba más interesado en descubrir lo que había hecho la lluvia en los macizos de flores en el parque, así que se levantó y se fue a la veranda desde donde pudo ver que los alrededores se habían transformado en un lago y los caminos parecían torrentes.

Todavía hacía mucho calor y comenzó a remangarse los pantalones para pasearse por el agua, pero el swami le llamó.

"Bhole, la Sra. Johnston dice que ahora no deberías andar por fuera. El agua puede estar contaminada por un desbordamiento de las cloacas del hospital y podrías enfermar".

"¡Hmm!" pensó Bhole, "obviamente estos ingleses no saben lo divertido que es andar por el agua".

Un rato después, dejó de llover y el suelo absorbió el agua rápidamente .

"Por favor, permítanos despedirnos ahora" dijo el swami a la señora. "Hemos de ver qué tal van nuestros hermanos".

Le agradecieron a la señora su generosa hospitalidad y se despidieron de ella y de sus hijas. La señora le dijo a Bhole que siempre sería bienvenido, que les visitara y jugara con las niñas.

De camino hacia el hospital Bhole dijo: "Estos extranjeros tienen ideas curiosas. ¿Es que no saben que sólo juegan los niños pequeños? Los chicos de mi edad ya no juegan. Y ¿Cómo puede un chico mezclarse con las chicas? Las chicas tienen sus propias cosas que hacer. No van al colegio como los chicos.

cambió de parecer. La cama era demasiado blanda y le daba calor. Decidió que estaría más fresco y más cómodo durmiendo en el suelo.

Así que se unió a los swamis, que dormían al modo Hindú sobre una delgada alfombrilla en el pavimento de mármol del comedor.

A la mañana siguiente volvió a llover.

"Parece que ha llegado el Monzón" dijo el swami médico. "Por fin ha terminado la estación seca y calurosa . Esto significa que vendrán muchos pacientes al hospital a tratarse. El Monzón es la estación menos sana. Mucha gente se pone enferma al beber agua contaminada o por haber cogido frío después de mojarse. El hospital necesita nuestra ayuda esta semana porque hay miembros del personal que todavía están de vacaciones".

"Nos encantaría ayudar, pero ¿quién se ocupará de Bhole?".

"¿No puede quedarse en la casa con el servicio?".

"Preguntémosle qué quiere hacer" dijo el swami médico.

Bhole dijo que no le importaba quedarse solo porque había muchas cosas que explorar y que no se aburriría.

Cuando los swamis se fueron al hospital Bhole empezó una gira de exploración por la casa. Abrió todos los armarios y miró en cada cajón. Había muchísimos objetos que no había visto nunca antes.

Pensó: "Me pregunto ¿por qué tienen tantas cosas en su casa estos Ingleses? Los Hindúes no necesitan tantas".

En una habitación encontró algo muy interesante: un caballo de madera con patas que se movían y una caja llena de soldaditos. Había también libros para niños con imágenes a todo color. Era una pena que estuvieran en inglés, porque no los podía leer. En otra habitación encontró libros con magníficas ilustraciones de plantas, animales y vistas de países lejanos. También descubrió un libro con imágenes del interior del cuerpo humano. Bhole se quedó completamente absorto en los libros el resto de la mañana y se sorprendió cuando oyó que los swamis ya volvían de su trabajo.

"Namaste, Bhole. ¿Te interesaría ser doctor?" preguntó el swami médico cuando vio el libro abierto ante Bhole.

"Sí, pero creo que antes tendré que aprender inglés", contestó Bhole.

Todos se sentaron a comer lo que les había preparado el servicio de la casa, después de lo cual se echaron una siestecita.

Cuando los swamis se fueron de nuevo al hospital Bhole decidió pasear por el parque. Ya no llovía y todo estaba fresco y limpio. Como se habían caído muchas flores a causa de las fuertes lluvias, Bhole las recogió para llevárselas al burro.

Justo cuando iba a abrir la puerta del recinto donde estaba el burro, Ann, la niña más pequeña, salía de su casa. Se alegró mucho de verle y empezó a hablar en inglés. Juntos entraron a ver a Tomás, el burro. Éste, en cuanto Bhole le enseñó una flor, se la arrebató de la mano. Ann trajo un pedazo de tela y un cepillo y se puso a frotar la espalda del burro. Bhole la ayudó a limpiarle las orejas y las patas. Pensó que sería divertido dar un paseo, así que montó a Tomás e intentó hacerle arrancar. Pero en vez de avanzar el burro empezó a retroceder dando coces al aire con las patas de atrás. Bhole no sabía cómo pararle, pero se las arregló para desmontar sin hacerse daño.

"Este animal es joven y necesita entrenamiento", pensó y decidió enseñarle del mismo modo que Tío Perrito había entrenado a Bhaiya.

Primero le hizo seguirle mientras andaba en círculo, cambiando frecuentemente de dirección. Cuando Tomás le seguía sin resistirse su recompensa era una flor por parte de Bhole y un beso por parte de Ann. El burro no tardó en entender que la única forma de obtener su aperitivo favorito era seguir a Bhole y a Ann. Bhole pensó que la primera sesión de entrenamiento iba muy bien.

Ann y Bhole seguían ocupados en entrenar al burro cuando Maude, la hermana mayor, llegó a caballo. Montaba un hermoso ejemplar e hizo una demostración de sus habilidades ecuestres. Bhole estaba asombradísimo de que una chica pudiera hacer todas esas cosas. También admiraba el caballo y le hubiera gustado montarlo. En su pueblo a veces había montado el caballo pequeño del vecino, pero este caballo era mucho más alto y tenía una verdadera silla de montar y estribos. Mientras Maude se bajaba del caballo Bhole la ayudó, sujetando las riendas. Maude notó su interés por el caballo y le hizo una señal de que podía montarlo. Le ayudó a acortar los estribos y anduvo a su lado sujetando las riendas mientras el caballo andaba en círculos.

Bhole se sintió inmediatamente a gusto en el gran caballo y éste también parecía aceptarle. Disfrutó mucho y hubiera deseado que durase más. Después, ayudó a las chicas a limpiarle y a darle comida y agua.

Más tarde la madre llamó a las chicas para tomar el té. Les pidió que se sentaran alrededor de la mesa. Esta vez Bhole disfrutó del té y de los sándwiches y se sintió más a gusto que el día anterior.

Aquella tarde les contó a los swamis sus experiencias con el burro y el caballo. Luego uno de los swamis le tomó el pelo preguntándole: "Bhole, ¿Y qué tal las chicas?".

"¡Oh! No son verdaderas chicas", dijo Bhole. "Actúan más como chicos. Maude cabalga como un hombre, hasta lleva pantalones. No me importa estar con ellas. Son buena compañía, pero me gustaría poder entenderlas. ¿Cómo puedo aprender inglés?".

"Si quieres, te puedo enseñar", dijo uno de los swamis.

"¡Vale!" exclamó Bhole. "Empecemos ahora mismo".

Al día siguiente, cuando llegó a la verja, Bhole saludó a Ann, diciéndole: "Good morning, how do you do?".

Ella se entusiasmó y corrió a decirle a su madre que Bhole había aprendido a hablar inglés. Aquella mañana practicó varios nombres nuevos con Ann. Estaba lloviendo y tuvieron que quedarse en la casa. Él señalaba algo y preguntaba: "¿What is this?", y ella le decía la palabra. En la sala de estar, un grupo de estatuillas llamó la atención de Bhole. Señalándolas preguntó: "¿What is this?".

"Son María, José y el niño Jesús, nuestro Señor", contestó Ann. Bhole pensó: "María debe ser la Madre Divina. Estos deben ser dioses Ingleses. No se parecen a los nuestros".

Se fueron a la veranda a sentarse con Beth que estaba pintando un cuadro al óleo. No le importó que Bhole se plantara a su lado observando cómo tomaba forma en el lienzo el jarrón de flores que tenía delante, también se las arregló para ver más de cerca su largo pelo rubio. Algunas mechas eran como doradas y otras parecían plata cuando los rayos de luz se posaban encima. Bhole también notó que sus ojos azules chispeaban como estrellas cuando ella le

Supremo. Si hay algo que valga la pena saber en este mundo, él lo sabe. Estoy seguro de que Bhole podrá desarrollar todos sus potenciales bajo su guía".

En ese momento entraron Maude, Ann y Bhole, y todos se sentaron a la mesa para cenar. La cocinera había preparado comida hindú para la ocasión y Bhole enseñó a las chicas cómo comerla con los dedos, lo cual encontraron tan difícil como para él había sido comer con tenedor y cuchillo. Cuando llegó el momento de la despedida Bhole sintió no poder expresarse en inglés. Le hubiera gustado decir a la familia cuánto había disfrutado con ellos y lo agradecido que estaba por todo lo que había aprendido. Al irse sólo podía decir: "Thank you. Thank you very much". Y en Hindi, traducido por uno de los swamis, dijo: "Os estoy muy agradecido. Que Dios os bendiga a todos".

Para Beth tuvo una despedida especial que el swami tradujo como: "Cuando sea mayor y sea médico, haré que tus piernas vuelvan a estar bien y que puedas andar sin muletas".

Bhole notó que tenía lágrimas en sus hermosos ojos azules cuando le dijo adiós.

Un viaje difícil

A la mañana siguiente un sonido inusual que provenía del exterior interrumpió su desayuno. "Eso ha de ser el automóvil", dijo el swami médico. "Es muy puntual".

Bhole pegó un salto y salió corriendo hacia la carretera para echarle un vistazo.

"Espera, Bhole. Primero termina tu desayuno", dijo el swami. "Puede que sea tu última comida decente del día".

"¿Por qué?" preguntó Bhole "¿Acaso no podemos llevarnos comida para el viaje?".

"Sí claro, eso haremos, pero no sabemos cuánto tiempo vamos a tardar en encontrar un sitio donde pasar la noche. Disfruta de tu desayuno. No hay prisa. Tardaremos en descargar las cosas que hay en el coche, y el conductor también necesita descansar un rato. No nos iremos antes del mediodía".

Bhole comió rápido y salió a examinar el automóvil desde todos los ángulos. Parecía una enorme caja con ruedas y con una cruz roja pintada en los laterales. Las ventanas estaban abiertas y dentro pudo ver un gran volante y un montón de botones. Alrededor del coche había un olor fortísimo y a Bhole eso no le resultó nada agradable.

Tras haber examinado a fondo el vehículo, Bhole anduvo hasta el hospital donde encontró a los swamis y a algunos doctores reunidos de pie en la entrada. Hablaban muy alto, como si estuvieran discutiendo.

"¿Qué pasa?", preguntó Bhole a uno de los swamis.

"Quieren que el swami médico se quede, pero él no quiere. Dice que no volverá hasta que haya terminado su entrenamiento de yogui con Babaji y eso durará por lo menos dos años más. Cree que así será mejor médico, pero ninguno está de acuerdo con él".

Bhole pensó: "¡Cómo me gustaría que Babaji estuviera aquí! Él sabría convencerles".

Aunque no les gustaba su decisión, poco a poco dejaron de discutir y aceptaron que se fuera.

Ya era hora de marcharse. Al ir hacia el vehículo vieron que había una multitud esperando subirse. Cuando el conductor abrió la puerta de atrás todos entraron y casi de inmediato el coche estaba lleno. Bhole y los swamis se sentaron delante, al lado del conductor. Bhole se preguntó si el vehículo podría moverse con tanta gente dentro.

"Vais a necesitar por lo menos dos caballos para tirar de tanta gente" dijo Bhole.

"No te preocupes", contestó el conductor. "El motor es tan fuerte como doce caballos".

Cuando puso el motor en marcha hizo un ruido tremendo y salió un montón de humo. El conductor giró el volante y el coche empezó a moverse. Bhole estaba entusiasmado.

"¡No me lo puedo creer!", exclamó. "¡Se mueve solo! ¡Es un milagro! ¡Un verdadero milagro!".

Una hora más tarde Bhole estaba sentado en una roca al borde de la carretera, sujetándose la cabeza con las manos y con la cara pálida, casi amarilla.

"Nunca jamás en toda mi vida quiero volver a subirme a un automóvil. Me he puesto tan malo que pensé que iba a morirme. Tan sólo recordar ese olor horrible me hace sentir como si fuera a vomitar otra vez", pensó.

Dos de los swamis también se encontraban mal. Estaban en cuclillas detrás de unos matorrales un poco más adelante. Uno de ellos todavía estaba vomitando. El único que no tenía ningún problema era el swami médico, que estaba acostumbrado a viajar en coche. Había estado hablando con el conductor todo el tiempo, mientras Bhole y los swamis se turnaban para vomitar por la ventanilla.

"Esto se llama mareo", le explicó a Bhole. "Se te pasará pronto. A mucha gente le ocurre lo mismo, especialmente en estas carreteras de montaña llenas de curvas".

Bhole dijo: "A veces parecía como si fuésemos a caernos por la montaña, sobre todo cuando el coche se inclinaba para tomar una curva. Creo que estas carreteras son demasiado estrechas para un vehículo tan grande, y las pendientes son muy pronunciadas".

"Sí", dijo el swami médico. "Estoy de acuerdo en que las carreteras son malas. Tienen demasiada pendiente y las curvas son difíciles. Espero que algún día haya una carretera mejor hasta el hospital. Hay que tener paciencia".

"Yo sólo quiero ir donde está Babaji", dijo Bhole. "Pero ¿dónde está?".

"Esto es lo que tenemos que averiguar", dijo el swami.

"Sé cómo encontrarle", dijo Bhole. "Pronto estará aquí".

"¿Qué quieres decir?" preguntó el swami.

"Por favor, déjame solo unos minutos", dijo Bhole "¿Por qué no vas a ver cómo están los otros?.

El swami se fue y Bhole intentó concentrarse. "Babaji, te necesitamos", rogó. "Por favor, ven. Necesito verte".

Esperó unos minutos con la expectativa de que apareciera Babaji, pero no fue así. Rogó de nuevo: "Babaji ¿dónde estás? Prometiste que vendrías siempre cuando te necesitase. ¿Por qué no vienes ahora?".

Cuando de nuevo no pasó nada Bhole empezó a enfadarse.

"No me ha oído", dijo a los demás swamis que ya estaban listos para seguir el viaje. "Seguro que está meditando".

"Creo que quiere que andemos", dijo uno de los swamis riéndose.

Tuvieron que andar unas cuantas millas para llegar a la carretera principal que llevaba a Rishikesh donde se encontraron con un grupo de peregrinos que volvían de las montañas.

"Por casualidad ¿habéis visto a Bengali Baba en el camino?", preguntó uno de los swamis.

"Había tantos Babas allá arriba", contestó uno de los peregrinos, "que no sé si alguno de ellos era el que buscáis. A media hora de aquí hay un pequeño ashram. Tal vez allí os puedan informar".

En el ashram nadie sabía nada de Bengali Baba, pero la gente era agradable y les ofreció cena y una habitación para pasar la noche. Bhole se tranquilizó porque ya era tarde y pronto sería oscurecería. Sin embargo cuando vio la habitación dijo: "¿Es que no hay una habitación mejor? No quiero dormir en este suelo sucio y húmedo".

"Vivir en la Pequeña Inglaterra te ha vuelto muy delicado", dijeron los swamis riéndose. "Hace unas semanas, ni siquiera te habrías dado cuenta de la suciedad".

"Cuando sea mayor", dijo Bhole, "voy a vivir en una hermosa casa limpia y no en una cueva ni en una sucia cabaña en la jungla".

Buscando a Babaji

Aunque a la mañana siguiente llovía decidieron irse, porque Bhole insistía en seguir buscando a Babaji. Escogieron seguir el Ganges río arriba hasta un sitio llamado Deoprayag, donde Babaji a menudo pasaba algún tiempo cuando iba de gira. Llovía muchísimo y en unos minutos estuvieron empapados, pero como hacía calor no les molestó mucho. De vez en cuando se sentaban para mirarse los pies por si se les habían agarrado sanguijuelas, animales que se alimentan de chupar la sangre.

Poco a poco la carretera se fue haciendo más estrecha y a su derecha veían el agua marrón del Ganges y su rápida corriente. A su izquierda había una montaña de pendiente muy empinada. Uno de los swamis pareció preocupado. "Me pregunto si será seguro andar por esta carretera", dijo mirando a las rocas. Hace poco oí el sonido de piedras al caer. Sería mejor coger el sendero que bordea el Ganges en vez de andar a lo largo de esta pared arriesgándonos a que nos caigan rocas encima".

Así que bajaron por el camino resbaladizo hasta el río y encontraron un sendero que parecía más seguro ya que no estaba tan cerca de la pendiente. Pero de vez en cuando oían el terrible sonido de una avalancha de piedras.

De repente, este sonido se hizo más fuerte y pareció como si se sacudiera toda la montaña. Justo delante de ellos vieron enormes rocas volar por el aire y deshacerse en mil pedazos al tocar el suelo.

"¡Corramos! ¡Volvamos lo más rápido posible!", gritó uno de los swamis.

Corrieron todo lo que pudieron por el sendero resbaladizo mientras las rocas seguían cayendo tras ellos. Bhole corría y suplicaba: "¡Babaji! ¡Por favor ayúdanos! ¡Por favor ayúdanos!".

Agotados y sin aliento llegaron a un sitio donde el río se alejaba de la montaña.

"Aquí estaremos a salvo", dijo el swami. "Hemos escapado por los pelos. Sigamos andando un rato para estar más seguros".

Miraron hacia atrás y vieron que el sitio por donde iban andando en la carretera cuando empezó el deslizamiento estaba ahora cubierto de rocas y de barro. Hasta se había caído un enorme árbol que casi bloqueaba el fluir del río. No quedaba nada de la carretera.

"Demos las gracias al Señor de la vida por habernos salvado", dijo uno de los swamis con la voz temblorosa.

Se sentaron unos minutos para dar gracias en silencio. Cuando estuvieron listos para seguir uno de ellos señaló al río diciendo: "¡Mirad! El agua del Ganges está subiendo tan rápidamente que este sendero pronto estará sumergido, tenemos que volver a la carretera principal lo antes posible".

El caudal del río aumentaba con velocidad alarmante y hacía un ruido tremendo. Era peligroso quedarse en un sendero que pronto cubriría la corriente, pero no había otro camino.

"¿Tenemos que ir por la jungla?", preguntó Bhole.

"Sí, es la única alternativa", dijo el swami. "¡Venga! no hay tiempo que perder. Tenemos que intentar llegar a un sitio más alto cuanto antes".

Empezaron a subir, intentando abrirse paso, mientras la lluvia seguía cayendo. Tenían que estar muy alerta porque podía haber serpientes y otros animales salvajes escondidos en los matojos. Más abajo el río fluía con rabia, expandiéndose y arrastrando todo a su paso. A veces era difícil encontrar un sitio donde poner el pie. La cuesta era empinada y resbaladiza y con frecuencia tenían que agarrarse a árboles o a rocas para sujetarse. Una vez Bhole sintió su pie resbalar, pero pudo colgarse de una rama hasta encontrar un sitio donde poder apoyarse. Les pareció haber estado horas luchando para salir cuando finalmente alcanzaron la carretera. Agotados, se sentaron a descansar.

"Gracias a Dios lo conseguimos", dijo uno de los swamis. "Ahora nos vamos a quedar en esta carretera y nos vamos a volver al ashram donde estuvimos anoche. No puede estar lejos. Mañana iremos a Rishikesh a ver si está allí Babaji".

Bhole no dijo nada. Estaba sentado sin moverse, como si una espesa nube le hubiera llenado la cabeza. De vez en cuando tenía un escalofrío. Los swamis se dieron cuenta de que le pasaba algo.

"¿Estás bien, Bhole?".

"Sí, no, no lo sé" dijo Bhole.

"¡Venga! ¡Vámonos! Estaremos como a media hora del ashram".

Bhole intentó ponerse de pie, pero sus piernas eran demasiado débiles para sostenerle y todo su cuerpo empezó a temblar.

"Esto..., no pareces estar nada bien", dijo el swami médico. "Creo que vamos a tener que llevarte".

Se turnaron para transportarlo entre dos. Al llegar al ashram le acostaron en una cama de hierbas secas y le taparon bien. Aunque se durmió en seguida estaba muy inquieto y no paró de dar vueltas. Al anochecer era obvio que tenía muchísima fiebre. Los swamis estaban preocupados porque no había ninguna medicina que darle. La gente del ashram puso unas hierbas en agua hirviendo y les dijeron que le hicieran beber tanto té como fuese posible. Los swamis no pudieron dormir aquella noche porque Bhole seguía febril y su estado empeoraba. Se puso a delirar y a veces gritaba que le estaban cayendo encima rocas enormes.

¿Dónde está Babaji?

A las cuatro de la madrugada, Bhole sintió que una mano fresca le tocaba la frente. Abrió los ojos y vio a Babaji sentado a su lado.

"¡Babaji! ¡Estás aquí! ¡Por fin te hemos encontrado!", dijo con un suspiro de alivio.

Se dio la vuelta y cayó en un profundo y apacible sueño. El swami médico dijo: "Hemos estado muy preocupados por él".

"No os preocupéis. Pronto estará mucho mejor" dijo Babaji. "Habéis hecho bien en darle este té de hierbas. Es justo lo que necesitaba".

Luego, Babaji desapareció.

A la mañana siguiente era muy tarde cuando Bhole se despertó. Se sentía mucho mejor, pero cuando intentó levantarse se mareó y sus piernas no le sujetaban. Sintió como si ya no supiera andar.

"¿Qué me ha pasado?", preguntó.

"Has estado enfermo, Bhole. Has tenido mucha fiebre y eso te ha debilitado el cuerpo. Ven, te voy a sujetar para que no te caigas".

Bhole se miró las piernas, parecían tan flacas como las piernas de un hombre muy mayor. Con la ayuda del swami pudo salir y tumbarse en la hierba, a la sombra.

"Esto es mucho mejor que quedarse en esa sucia habitación", dijo. "¿Es que no hay nadie que pueda barrer y limpiar este suelo con excremento de vaca, como hacemos en el pueblo?"

"Pediré a los del ashram que manden a alguien", dijo el swami.

"¿Cuándo nos vamos a Rishikesh para buscar a Babaji?".

"Nos iremos en cuanto estés lo suficientemente fuerte para andar. Estamos intentando encontrar un burro o una mula, porque estás demasiado débil para hacer todo el viaje a pie".

"Creo que un caballo sería mucho mejor", dijo Bhole, recordando a su amigo Marcus.

Se sintió agotado por el esfuerzo y volvió a dormirse.

Por la tarde Bhole dijo que estaba suficientemente fuerte para ir al comedor a cenar. La gente del ashram se sorprendió al verle.

"Esto sí que es una curación milagrosa", afirmó uno. "Ayer no teníamos mucha esperanza de que sobrevivieras, pero ahora pareces estar casi bien".

Cuando oyó esto Bhole se acordó de que Babaji había estado a su lado en la habitación y que sintió el tacto de su mano en la frente.

Pensó: "Pero Babaji ya no está aquí. ¿Dónde puede haberse ido?".

Mientras volvían a la habitación Bhole preguntó a los swamis: "¿Dónde está Babaji? anoche le vi. ¿Dónde se ha ido?".

"Nosotros también le vimos, Bhole", contestaron los swamis. "Vino a ayudarte y después desapareció".

"Eso es muy extraño", dijo Bhole. "Era en mitad de la noche. ¿Dónde puede haber ido a esas horas y por qué no se ha quedado?".

"Babaji es un yogui, Bhole. Debió de venir en otra clase de cuerpo, que se llama "cuerpo sutil". A nosotros nos pareció exactamente como su cuerpo físico, pero cuando de pronto desapareció entendimos que no lo era. Su cuerpo físico estaba en otro sitio mientras vino a visitarnos. Desapareció tan rápidamente que no tuvimos la oportunidad de preguntarle dónde le podríamos encontrar. Así que habrá que seguir buscándole".

"Todo esto es muy extraño. No entiendo estas cosas", dijo Bhole. ¿Cómo puede una persona tener dos cuerpos? Cuando le vea le pediré que me explique este misterio".

"Abuela ¿Es eso lo que aprendes en clase de yoga? ¿Aprendes a dejar tu cuerpo físico e irte a otro sitio en tu cuerpo sutil?".

"No, Raúl, eso el algo que muy pocos yoguis son capaces de hacer. Sólo lo consiguen los que han dedicado toda su vida al yoga y han practicado también en otras vidas".

"¿Así que tú no lo puedes hacer?".

"No", dijo la abuela riéndose, "pregúntamelo dentro de unas cuantas encarnaciones. Tal vez entonces sea capaz de decirte más acerca de ello".

De nuevo en la carretera

Hicieron falta tres días más para que Bhole estuviera lo suficientemente fuerte y pudiera viajar. Se marcharon al amanecer transportando sólo la comida necesaria para el día, porque esperaban llegar a Rishikesh por la tarde. Ya no llovía y hacía un tiempo fresco y agradable. Estaban contentos de continuar su viaje y Bhole ansiaba volver a ver a Babaji. Uno de los swamis empezó a cantar y todos le imitaron. Así pasaron la mañana andando y cantando los nombres de Rama y de Krishna. Cuando encontraban gente les preguntaban si habían visto a Bengali Baba, pero nadie sabía nada.

Hicieron un breve alto para comer y reanudaron la marcha. Después de algún tiempo encontraron a un hombre mayor, tumbado al borde de la carretera y que parecía enfermo. El swami médico le examinó y le preguntó que quién era, pero no contestó.

"Está muy débil", dijo el swami. "Si lo dejamos aquí los animales salvajes lo van a devorar. Hemos de llevarle al pueblo más cercano y averiguar quién es y dónde vive".

Justo en ese momento llegó un granjero subido en un carro tirado por bueyes y les preguntó si podía ayudarles.

"¿Conoce a este hombre? Necesita ayuda cuanto antes".

"Sí, creo que sé donde vive" contestó el granjero. "Ponedlo en el carro y le llevaremos a su casa".

Bhole ayudó a hacer una cama blanda de hierbas secas y los swamis le depositaron con cuidado en el carro. Parecía estar en muy mal estado.

"Creo que se está muriendo", dijo el swami médico. "No podemos hacer nada por él excepto llevarle a su casa".

Los swamis se sentaron al lado del anciano en la carreta y le cogieron las manos mientras recitaban oraciones. Bhole se sentó al lado del granjero y observó a los bueyes que tiraban despacio de la carreta en dirección al pueblo. Era la primera vez en su vida que se sentía raro. Pero también tenía curiosidad, así que de vez en cuando echaba una mirada rápida para ver qué pasaba a su espalda. A veces parecía como si el anciano ya hubiese muerto, pero entonces sus labios volvían a moverse. Justo cuando llegaban al pueblo, abrió los ojos y dijo muy alto: "¡Om, Ram!" y dejó de respirar.

El swami médico examinó su pulso, dijo una corta oración y luego le cubrió con su chal naranja.

La carreta se paró delante de una casa y un joven salió a recibirlos. Cuando se dio cuenta de que traían el cuerpo de su abuelo empezó a llorar, pero también estaba aliviado. Les contó que su abuelo se había ido temprano aquella misma mañana porque quería morir en la selva y que nadie le acompañara. Su familia había estado muy preocupada por si algún animal salvaje le atacaba cuando todavía estuviera vivo. Agradecían a los swamis que hubiesen estado junto a él en sus últimos momentos y que les trajesen su cuerpo.

Mientras, se habían reunido algunos pueblerinos. Llevaron el cuerpo del anciano al interior de la casa para realizar los últimos rituales. El swami levantó el chal y Bhole se sorprendió al ver que en la cara del anciano había una sonrisa y que parecía feliz y lleno de paz.

"Parece como si estuviera encantado de estar muerto", dijo con extrañeza.

"Siempre ha sido una persona trabajadora y llena de amor", dijo un vecino. "Cuando supo que su vida llegaba a su fin, se preparó. Durante los últimos meses rara vez salía de su habitación. Allí estaba, sentado en la cama, rezando y repitiendo su mantra. Siguiendo la Tradición escogió estar solo para morir. Ahora es feliz, porque está donde siempre quiso estar".

Un poco más tarde el granjero les llevó en dirección a Rishikesh y Bhole se instaló en la carreta. Tumbado de espaldas observaba las copas de los árboles que se movían por encima de él y se puso a reflexionar: "Así que esto es lo que es la vida. Primero uno nace, luego trabaja mucho y luego vuelve a Dios. Pero, si es así, ¿Por qué tenemos que nacer? ¿Por qué no podemos quedarnos junto a Dios todo el tiempo? Le preguntaré a Babaji acerca de esto, porque la verdad es que para mí no tiene ningún sentido".

El movimiento rítmico de la carreta le acunó con suavidad y se durmió profundamente. Cuando paró la carreta, no muy lejos de la ciudad de Rishikesh, uno de los swamis le despertó . El granjero les dejó allí y se despidió porque tenía que ir en otra dirección. De nuevo se echaron a andar y a todas las personas con las que se encontraban les hacían la misma pregunta: "¿Habéis visto a nuestro Maestro Bengali Baba?".

Finalmente se encontraron con un sadhu que sabía dónde estaba Babaji.

"Le vi hace unos días en un ashram al otro lado del río. Tenéis que cruzar el Ganges por el puente de cuerda. El ashram está como a menos de un kilómetro, a la derecha del puente".

A Bhole le encantó la información.

"¡Por fin lo hemos encontrado!" exclamó.

"No te entusiasmes tanto todavía", dijo uno de los swamis. "Primero tenemos que cruzar el puente de cuerda y he oído decir que eso puede ser toda una aventura".

"Para mí no", dijo Bhole. "Mi madre siempre me llamaba mono porque soy un escalador nato".

El puente de cuerda

Cuando llegaron al puente de cuerda vieron a mucha gente sentada en las rocas cerca del puente.

"¿Qué hacen?", preguntó Bhole. "¿Por qué no cruzan?"

"Tal vez pasa algo", dijo uno de los swamis. "Mira, sólo hay unos pocos hombres en el puente, y del otro lado también hay una muchedumbre esperando. Creo que los que están en el puente lo están reparando. Tendremos que esperar hasta que terminen".

"¡Oh, no!", dijo Bhole. "Después de tantas pruebas, cuando por fin sabemos donde está Babaji no es posible llegar hasta él porque no podemos cruzar ese dichoso puente. Por favor, Babaji, ¡danos alas para cruzar el río!".

Los swamis se rieron.

"Tal vez Babaji justamente quiere enseñarnos a tener paciencia" dijo uno de ellos.

Bhole miró al Ganges.

"¿Estáis seguros de que es el único sitio por donde podemos cruzar?", preguntó. "¿No hay un vado o un sitio donde podamos nadar?"

"Mira la corriente Bhole. Eso que dices no se puede hacer en esta época del año", dijo el swami, "y además, si hubiera un sitio así, no habría tantísima gente esperando aquí".

"Voy a ir a mirar ese puente" dijo Bhole.

"Nos quedaremos aquí a esperarte, vuelve pronto".

Con mucho cuidado bajó hacia el puente por el camino lleno de barro. Vio que habían quitado la escalera necesaria para acceder al puente. A medio camino sobre el río, tres hombres trabajaban con cuerdas y tablas para tapar un gran hueco. Estaba muy claro que todos tenían que esperar. El agujero del puente era demasiado grande para poder pasar. Había que arreglarlo para poder cruzar.

Bhole estaba volviendo hacia los swamis cuando un grupo de gente le llamó la atención. Tenían como torretas de pelo trenzado en lo alto de la cabeza y estaban completamente desnudos. Se habían cubierto la piel, bronceada por el sol, con pasta amarilla de sándalo y con cenizas. Uno de ellos estaba de pie, gritándole a un grupo de peregrinos: "¡Miraos! Os habéis pasado días y días andando para llegar al templo del otro lado del río. Y ¿Por qué? para pedirle a Shiva una vida mejor. Y ¿qué clase de vida mejor queréis? ¡Más cosas, más cosas y más cosas! "Señor Shiva, por favor ¡dame una casa, por favor dame dinero, por favor dame un búfalo!" Y cuando el Señor os ha dado todas esas cosas volvéis al año siguiente y pedís otro búfalo y más dinero. Nunca estaréis satisfechos. ¡No seáis estúpidos! ¡No necesitáis todas estas cosas!".

Señalando su cuerpo desnudo, preguntó. "¿De veras creéis que el cuerpo necesita ropa?".

Esa pregunta interesó a Bhole, así que se acercó y se acuclilló entre los peregrinos.

"¿Creéis que la ropa os hace mejores?", gritó el hombre. "El cuerpo no tiene ninguna importancia. Un cuerpo sólo es un saco de huesos, un sucio saco de huesos".

Bhole y unos cuantos empezaron a reír.

"Todas esas casas, esos búfalos, esas ropas, os mantienen alejados de lo que es realmente importante en este universo, es decir: Dios. Cada instante en el que hacéis algo que no sea buscar a Dios es un tiempo desperdiciado".

Un hombre en la audiencia se levantó y preguntó: "¿Pero cómo les explico a mi mujer y a mis hijos que de ahora en adelante voy a andar y dar vueltas desnudo y que ya no estoy interesado en darles de comer".

"Deja a tu mujer y a tus hijos que hagan sus cosas", gritó el hombre desnudo. "Devuelve tu mujer a su familia y serás libre".

"Estás completamente equivocado", interrumpió otro hombre, "¡Desvergonzado! ¿Qué ocurriría si todo el mundo se volviese tan egoísta como tú? Lo que te pasa es que eres demasiado vago para trabajar por tu familia. Eso no tiene nada que ver con Dios. ¡Mira a esos amigos tuyos desnudos! Todos ellos están bajo efectos del "bhang" (hashish) y apenas pueden mantener los ojos abiertos. Eso no tiene nada que ver con buscar a Dios. Eso se llama desperdiciar la vida".

Más gente se metió en la discusión y todos empezaron a hablar y a gritar a la vez.

Bhole decidió que ya había tenido bastante y se encaminó hacia el lugar donde estaban sentados los swamis. Le sorprendió ver que habían llegado dos estudiantes de Babaji y se habían sentado con ellos.

"¡Ah! Dos sucios sacos de huesos más". Dijo riéndose.

Los swamis no salían de su asombro.

"¿Qué dices?" Preguntó el swami médico. "¿Es esa la manera de saludar a tus hermanos?".

"¡Oh, lo siento!" dijo Bhole, todavía riéndose. "Creo que debo estar bajo el efecto del bhang".

"¿Qué? ¿Qué te ha pasado allí?" preguntaron los swamis alarmados.

"Nada", se rió Bhole, "es sólo una broma".

Todos se rieron cuando Bhole les contó lo que había dicho el hombre desnudo.

"¡Mirad, hay un montón de sucios sacos de huesos en el puente!" exclamó Bhole un poco más tarde. "Todo el puente se columpia cuando andan".

Parecía que habían abierto el puente de nuevo y todos fueron en esa dirección.

"Es mejor que esperemos un poco más, porque toda esa gente va a tardar en cruzar", dijo el swami médico.

Sólo se permitía cruzar el puente a unas pocas personas a la vez, primero en una dirección y luego en la otra, y cuando llegaban al otro lado le tocaba el turno al grupo siguiente.

"Esto tardará horas", dijo Bhole, "espero que nos toque antes de que se haga de noche".

Cuando por fin les tocó, Bhole estaba excitadísimo.

"No mires al río. Concéntrate sólo en el sitio donde pones los pies y agárrate a las cuerdas de ambos lados", le aconsejó el swami médico.

Pero Bhole no tenía miedo. Después de dar unos pocos pasos sabía cómo mantener el equilibrio en ese puente movedizo.

Cuando llegaron al otro lado bailó de alegría y gritó:

"¡Babaji! ¡Casi estamos!".

Llegaron al ashram justo antes de que fuera de noche. Bhole preguntó inmediatamente por Babaji, pero descubrió que no se le podía molestar porque estaba enseñando a un grupo de swamis que habían venido de todas partes de la India para recibir su conocimiento.

Media hora después hubo una gran pausa para cenar. Pero hasta que no estuvo servida la cena de Babaji y de sus estudiantes, los swamis y Bhole no pudieron acercarse a él y tocarle los pies. Bhole era el último de la fila y cuando se arrodilló y puso la cabeza en el regazo de Babaji éste en tono burlón le dijo: "¡Pequeño sinvergüenza! ¿Cuántas veces me has llamado en estos pocos días? ¡Esta tarde hasta me pediste un par de alas!".

Suavemente le acarició el pelo y le hizo sentarse a su lado en un cojín cubierto con una piel de ciervo. Pero cuando quiso darle de comer de su propio cuenco de leche y chapati, Bhole le dijo: "No tengo hambre, Baba, gracias, cómetelo tú".

Se sentía incómodo de que le alimentara como a un bebé delante de todos los swamis.

Cuando Babaji empezó a enseñar otra vez, Bhole escuchó con atención. Estaba hablando de buscar a Dios. Dijo:

"Mucha gente hace grandes peregrinaciones para buscar a Dios, pero así no lo van a encontrar nunca. Han de entender que Dios no reside en templos lejanos sino que está en ellos mismos, en sus propios corazones. Un cuerpo humano es como un cáliz. La única forma de encontrar a Dios en ese cáliz es estar totalmente quieto, sin ningún movimiento ni del cuerpo, ni de la mente. Sólo entonces encontraréis a Dios. No necesitáis andar por allí desnudos, ni cubriros el cuerpo de cenizas, ni pincharos con agujas. Tan sólo aprended a estar quietos".

"¡Sííí!" dijo Bhole, lo cual hizo reír a todos.

Estaba a punto de contar la historia del hombre desnudo que se había encontrado cerca del puente, pero Babaji suavemente le puso la mano sobre la boca y siguió con la Enseñanza. Poco después, Bhole puso la cabeza en el cojín de Babaji y se durmió.

"Abuela ¿ Esto ha ocurrido de verdad? Quiero decir: esos hombres ¿andaban completamente desnudos?" preguntó Rosa muy asombrada.

"Sí, Rosa. En la India la mayoría de la gente está acostumbrada a esos sadhus y no dan ninguna atención a su desnudez".

"¿Pero, no temen coger frío?"

"La India tiene un clima cálido", dijo la abuela, "y es completamente distinta de los países occidentales".

"¿Y la gente de la India fuma hashish?", preguntó Raúl.

"Sí, Raúl, algunos lo hacen. El hashish crece como mala hierba en muchos sitios de la India, como aquí las ortigas. A algunas personas les gusta fumarlo, pero todo el mundo sabe que es una cosa muy mala que te destroza la salud física y mental".

Bhole está enfadado

Los días siguientes Babaji estuvo ocupado desde la mañana temprano hasta bien entrada la noche. Cuando no enseñaba estaba conduciendo a los estudiantes en la meditación, o respondiendo a sus preguntas. No tenía tiempo para nada más y eso hacía muy infeliz a Bhole. Quería a toda costa estar a solas con Babaji para poder hablarle de la Pequeña Inglaterra y del caballo y para que contestase a sus preguntas. Pero en vez de esto todos le decían que no perturbase a Babaji y que encontrase algo con lo que entretenerse. No había niños con quien jugar y, salvo un perro abandonado y sucio y una vaca tampoco había animales. El Ganges bajaba con tal ímpetu que era peligroso ir a nadar o incluso a bañarse. Los swamis asistían a todas las sesiones de Babaji, así que no quedaba nadie para estar con Bhole.

La gente del ashram tampoco era muy simpática con el. Opinaban que los niños no debían estar cerca de un gran yogui como Bengali Baba. Cada vez que Bhole empezaba a hacer algo le decían que se fuera a otra parte y que dejara de hacer ruido. Una mañana, Bhole tenía hambre y se fue a la cocina a buscar algo de comer. Allí encontró un bote lleno de nueces y de uvas pasas. Cuando volvieron los cocineros le pillaron con la boca llena de pasas y con los bolsillos llenos de nueces, y le dieron una buena paliza. Bhole gritó tan fuerte que Babaji envió a un swami a ver qué pasaba. Los cocineros le llamaron ladrón y le prohibieron volver a entrar en la cocina. Por supuesto Bhole estaba muy enfadado.

Por la tarde, decidió ir al puente de cuerdas para ver si allí ocurría algo interesante. Tuvo que esperar mucho a que le llegara el turno de cruzar el puente, porque ese día había muchos peregrinos. Cuando por fin llegó al otro lado, descubrió un pueblo con un mercadillo lleno de mercancías. Recorriendo el lugar Bhole vio muchas cosas interesantes. Le atrajo una cesta llena de botellitas de cristal verde o rojo. Inmediatamente pensó en las dos señoras mayores de su pueblo. Le hubiera gustado tener dinero para comprar dos botellitas y llenarlas de agua del Ganges. Esto habría sido un buen regalo para ellas. Estaba tan absorto mirando las botellas que no se dio cuenta de que unas personas le observaban desde cierta distancia.

Estaba a punto de coger una de las botellitas cuando tras él una simpática voz dijo: "son bonitas estas botellitas ¿verdad?"

"Sí", dijo Bhole, "me gustan mucho". Se dio la vuelta para ver a su interlocutor y vio que era un hombre joven con la cara redonda y un gran bigote.

"Serían un buen regalo para tus padres", siguió diciendo el hombre. "Estoy seguro de que les haría felices que les dieras este regalo".

"No tengo padres" dijo Bhole.

"¡Oh! ¡Cómo lo siento!" dijo el hombre. "Entonces ¿cómo has venido aquí? ¿Quién se ocupa de ti?"

"Estoy aquí con mi Maestro", dijo Bhole. "Estamos en un ashram al otro lado del río".

"¡Ah! Estás con tu Maestro", dijo el hombre. "Y, ¿Qué clase de cosas haces para tu Maestro?"

"Nada", dijo Bhole "excepto sentarme muy quieto".

"Eso no es mucho trabajo" se rió el hombre.

"A veces puede ser muy aburrido" suspiró Bhole.

"Cuando estés aburrido puedes venir a mi casa", dijo el hombre. "Nunca te aburrirás allí. Podrás hacer todo lo que quieras. ¿Qué es lo que más te gusta?".

"Montar a caballo", dijo Bhole "me gustan mucho los caballos".

"Eso es maravilloso", dijo el hombre. "tenemos muchos caballos y te invito a montar cuando quieras".

"¿De verdad?", preguntó Bhole. "¡Eso es estupendo!".

En ese momento llegaron dos chicos mayores y se quedaron junto al hombre.

"Ashu", dijo el hombre a uno de ellos. "Háblale a este chico sobre nuestros caballos ¿No son maravillosos?".

"Sí, son estupendos", dijo el chico sin mucho entusiasmo.

"¿Por qué no le llevas a nuestra casa y le enseñas los caballos?" dijo el hombre. "Tengo algunos asuntos que atender y me reuniré con vosotros más tarde".

"Sí, señor. Ven, vámonos", dijo uno de los chicos. Y empezaron a subir junto a Bhole por las calles estrechas y empinadas del pueblo. Bhole pensaba en lo afortunado que era por haber encontrado a esa gente. Tenía muchas ganas de ver los caballos. Pensó que sería estupendo ir allí todos los días y darse unas vueltas cabalgando.

Acontecimientos inesperados

Un firme apretón en el hombro interrumpió la ensoñación de Bhole. Cuando se dio la vuelta vio la cara severa de un policía que sin ninguna simpatía le preguntó:

"¿Cómo te llamas?".

"Me llamo Bhole, señor" respondió con timidez.

Era la primera vez que se encontraba cara a cara con un policía y le pareció muy impresionante con su hermoso uniforme y su grueso bastón de bambú en la mano.

"Mi padre ha muerto y mi madre no está bien de salud", contestó Bhole con sinceridad.

"Entonces ¿Quién se ocupa de ti?".

"Mi Maestro, señor".

"¿Qué Maestro?".

"Es un yogui y se llama Bengali Baba".

"Y ¿dónde está tu Maestro?".

"Está en el ashram donde nos albergamos".

"¿Qué ashram es ese?".

"Allá" dijo Bhole señalando el otro lado del río.

"Y ¿Quiénes eran esos chicos con los que andabas?".

"No lo sé, señor, acabo de conocerlos".

Bhole miró alrededor, pero a los chicos no estaban por ningún lado. En cuanto habían visto al policía se habían escabullido por una callejuela.

"Creo que lo mejor será que vengas conmigo a la comisaría para que sepamos si dices la verdad", dijo el policía. "Si descubrimos que mientes, te enseñaremos una lección que no olvidarás fácilmente".

Así es como Bhole llegó a conocer el interior de una comisaría. Le hicieron sentarse en el suelo en un rincón de una celda muy sucia y no tuvo nada que hacer excepto escuchar a los policías hablando en un despacho cercano.

"¿Realmente crees que forma parte de esa pandilla?", oyó que decía uno de ellos. "Estaba con dos chicos que son sospechosos y poco antes le vimos hablar con su líder", contestó otro.

"Dice que no tiene padres y que está con un yogui que vive en un ashram del otro lado del río". Dijo el policía.

"Eso es lo que dicen todos", contestó el oficial riéndose. "Eso es un cuento viejo y no me creo ni una sola palabra. Si le dejamos aquí unos días ya le sacaremos la verdad".

Cuando Bhole oyó esto se asustó muchísimo. La sola idea de tener que quedarse unos días en esa celda repugnante le resultaba inaguantable. Y además era completamente inocente, no había hecho nada malo. Se puso a llorar a voz en grito.

Llamó a los policías, "por favor, dejadme salir. No tengo nada que ver con esos chicos. Por favor, dejadme explicar lo que pasó".

Pero los policías no acudieron. Uno de ellos dijo. "Oídle, ya le está entrando el miedo. Será fácil sonsacarle".

Una hora después se llevaron a Bhole de la celda a un despacho donde un oficial de policía muy gordo estaba sentado detrás de un gran buró, con un bastón junto a él.

"Tu nombre", le gritó.

"Bhole, señor", dijo sollozando.

"Habla más fuerte, no te oigo", le dijo el policía con ira.

Bhole no contestó. Se acordó de que siempre podía recibir ayuda de la Madre Divina y de Babaji si realmente la necesitaba, así que se tomó su tiempo para rezar. Con los ojos cerrados y juntando las manos se quedó allí de pie y sin moverse. Se concentró plenamente en la Presencia de la Madre Divina y sintió cómo su miedo desparecía.

"¿Has olvidado tu nombre?", rugió el policía trás de la mesa. "¿Por qué te quedas ahí? ¡Venga! Tu nombre".

Bhole abrió los ojos y sintió un extraño fluir de energía por todo su cuerpo. Se irguió y miró al policía directamente a los ojos.

"Mi nombre es Bhole y soy inocente", dijo con voz alta y clara.

Otro policía entró en la oficina y dijo: "Señor, han venido dos swamis. Están buscando a un chico llamado Bhole".

"Que pasen", dijo el oficial.

Cuando Bhole vio a los swamis se echó en sus brazos y empezó a llorar sin control.

"No me creen", sollozó. "Piensan que soy un criminal, pero no he hecho nada".

"Entonces explícanos lo que estabas haciendo en compañía de unos chicos que tienen muy mala reputación", dijo el oficial.

"Me estaban llevando a su casa donde tienen hermosos caballos", dijo Bhole.

"¿Qué?" dijo el policía asombradísimo. "¿Qué clase de casa?".

"El hombre que estaba con los chicos me prometió que podía ir a su casa a montar en sus caballos", dijo Bhole, "y les pidió a los chicos que me llevasen allí".

"¡Dios mío!" Exclamó el oficial. "¡Has escapado por muy poco!" Si el policía no te hubiese cogido tus swamis no te habrían vuelto a ver nunca más".

Bhole no entendió lo que decía el policía.

"¿Por qué?", preguntó.

"Te lo explicaré luego", dijo el oficial. "Primero hemos de escribir un informe. ¿Podrás repetir todo lo que me acabas de decir?".

Hasta que no estuvo de vuelta en el ashram no empezó a entender lo serio que había sido este incidente. Había estado a punto de que le cogiera gente que rapta niños para venderlos como esclavos en la India y en otros países. Estaba muy agradecido de que la Madre Divina le hubiera salvado mandando a los swamis a la comisaría. Ya no le quedaba nada de la ira que había tenido por la mañana y estaba feliz de encontrarse en la seguridad del ashram. Muy quietecito se sentó cerca de Babaji y ya no le importaba oír cosas que no podía entender. Se sentía feliz con sólo oír la voz de Babaji. Se metió la mano en el bolsillo para sentir las dos botellitas de cristal, una verde y otra roja, que los swamis le habían comprado al volver. Planeaba llenarlas con agua del Ganges y dárselas a sus dos amigas mayores de su pueblo.

El día siguiente era el último día del curso de Babaji. Los swamis dijeron que habían aprendido muchísimo. Babaji les dijo que ahora tenían que practicar, porque la práctica es más importante que leer libros o escuchar conferencias.

"Podéis leer cientos de libros y escuchar muchas conferencias acerca de la meditación, pero no va a cambiar nada si no meditáis cada día, durante toda la vida", dijo Babaji.

Bhole se dio cuenta de que durante cierto tiempo no había hecho su meditación. Tomó la decisión de que de ahora en adelante seguiría el consejo de Babaji y se sentaría a meditar cada día sin excepción.

Cuando Babaji le dijo que se iban al día siguiente Bhole se alegró. Anticipaba el placer de andar en las montañas con Babaji y disfrutar de la hermosura de la naturaleza. También esperaba que por fin Babaji estuviera interesado en oír sus historias y en contestar a sus preguntas.

El devorador de seres humanos

Al día siguiente muy temprano, justo en el momento en que salían del ashram, llegó un mensaje que avisaba del cierre de la zona por la cual tenían planeado viajar. Habían desaparecido unas personas en ese recorrido y se suponía que una fiera, lobo o tigre, les había atacado. A los viajeros sólo se les permitía cruzar esa parte de la jungla en grupo, acompañados de hombres armados. Así que Babaji, Bhole y los swamis tuvieron que esperar unas horas a que se formara el grupo y llegasen los hombres armados.

Bhole estaba desilusionado y frustrado. Le había encantado la idea de andar con Babaji y los swamis, y en vez de esto iban en compañía de más de veinte extraños que no paraban de hablar, perturbando la quietud de la naturaleza. Estaban discutiendo en voz muy alta la posibilidad de encontrarse con un "devorador de seres humanos". Algunos de ellos contaban historias de amigos y parientes que habían sido devorados y esto excitaba más y más al grupo. Pero a Bhole, que había viajado por la jungla muchas veces, no le gustaban esas historias. Confiaba en Babaji y nunca se había asustado al ver un animal salvaje en la selva. Toda la conversación y el ruido que hacía esa gente le fastidiaba mucho y estaba pensando cómo lo podría parar.

Babaji se dio cuenta de su problema y le dijo con voz muy queda: "No tienes por qué escuchar lo que dicen, hijo. Piensa en su conversación como el sonido de un río en el fondo. Escucha tu mantra en vez de agitarte como ellos".

Bhole agradeció su consejo e intentó permanecer tan cerca de Babaji como podía. Cuando el grupo paró a descansar, se sentó junto a Babaji y le preguntó: "Baba ¿tú crees que es posible que una fiera se haya comido a esa gente que ha desaparecido?".

"A veces ocurre, Bhole. De vez en cuando un tigre o un lobo que está viejo y enfermo descubre que un ser humano es una presa fácil. Un animal que ha probado carne humana desarrolla pronto el hábito de perseguir a seres humanos en vez de a otros animales. Incluso puede que entre en las casas y ataque a niños o a ancianos. Cuando esto ocurre los hombres del pueblo tienen que matar a la fiera para preservar su seguridad. Pero esto no pasa a menudo".

Por la noche hicieron un gran fuego y todos se sentaron alrededor. Babaji, Bhole y los swamis querían alejarse del fuego para meditar, pero los guardias se opusieron diciendo que debían permanecer todos en el grupo. Bhole empezó a decir que con Babaji estarían perfectamente protegidos, pero Babaji le hizo una señal de de que callara. Mientras intentaba meditar el resto de la gente siguió hablando y riendo, lo cual irritó muchísimo a Bhole. Estaba demasiado distraído por la conversación para poder concentrarse en su mantra. Pero Babaji y los swamis parecían no tener ningún problema. Estaban sentados en perfecta quietud.

Bhole permaneció despierto incluso después de que la mayoría de la gente se hubiese dormido. Babaji y los swamis seguían meditando y él se estaba aburriendo. Se puso a jugar un poco con piedrecitas, construyendo pequeños montones. Luego tuvo una idea y contuvo la risa. Cuando no había nadie mirando lanzó rápidamente un puñado de piedrecitas a los matojos cercanos. Ese sonido alarmó a los guardias que inmediatamente agarraron su fusil. Bhole hizo como si estuviera meditando pero se divirtió muchísimo observándoles con los ojos entornados mientras buscaban a la fiera.

Esperó hasta que todos se hubieran vuelto a dormir y volvió a lanzar piedrecitas en otra dirección. De nuevo uno de los guardias saltó al instante y dio una vuelta por los alrededores con su rifle a punto. Pero cuando no encontró nada volvió y se durmió.

Bhole se rió por lo bajo recordando cómo solía imitar los sonidos de los animales en la selva cerca de la gruta. Se sentó de espaldas al fuego, se puso las manos alrededor de la boca y reprodujo el grito del chacal. No tardó en oír una respuesta que venía de un verdadero chacal en la selva. Los guardias miraron alrededor, aguzando el oído. Bhole pensó que también sería divertido llamar a los lobos pero no sabía hacerlo, así que decidió estarse quieto un rato. Cuando tiró su último montón de piedrecitas a los matorrales el ruido despertó a una gallina de bosque que se puso a cantar, y tras revolotear en torno al fuego desapareció de nuevo entre la maleza. Todo este ruido y actividad despertó a mucha gente que preguntaba: "¿Qué ha sido eso?".

A Bhole le resultó muy difícil no echarse a reír, pero se las arregló para pretender que estaba en meditación profunda. Cuando todos se calmaron y se volvieron a dormir decidió volver a hacer el grito del chacal, pero esta vez salió un poco diferente y con algo de imaginación sonó más como el aullido de un lobo.

Esta vez todos se despertaron y miraron en su dirección. Rápidamente señaló a los árboles y gritó: "¡Allí!".

"¿Qué has visto?", preguntó uno de los guardias alarmado.

"Ojos, ojos verdes", dijo Bhole.

"¿Cuántos?" preguntó el guardia.

"Siete" dijo Bhole con aplomo.

Algo parecía estarle ocurriendo al swami que estaba sentado junto a él. Su cuerpo se sacudía de un modo peculiar, y salían curiosos sonidos de debajo del chal que se había puesto sobre la cabeza. Preocupado, Bhole levantó una esquina del chal y vio que el swami estaba intentando reprimir la risa apretándose la mano sobre su boca para no perturbar a Babaji ni a los demás swamis. La única palabra que le salía a Bhole era: "Siete.....siete", con lo cual el swami redoblaba su risa. Bhole entendió por qué se estaba riendo. Para corregirse, dijo: "eran cuatro lobos y uno de ellos me estaba guiñando un ojo".

Esto causó otra serie de extraños movimientos debajo del chal. El swami simplemente no podía dejar de reírse, le caían lágrimas de risa y no podía ni respirar. Bhole le dio un golpecito en la espalda y dijo "¡Calma, hermano! Los lobos se han ido. Ahora estás a salvo".

Y a la gente del grupo que quería saber lo que había pasado les dijo: "Desde la niñez siempre ha tenido mucho miedo a los lobos. Le he dicho que aquí no le va a pasar nada porque tenemos excelentes guardias".

El swami debajo del chal tardó en calmarse, pero Bhole consiguió guardar la compostura hasta el final. Mientras, unos cuantos miembros del grupo aseguraban que ellos también habían visto ojos verdes, de modo que los guardias inspeccionaron la zona con mucho cuidado. Sin embargo no encontraron rastro de los lobos.

El grupo reemprendió la marcha temprano por la mañana. Como mucha gente no había dormido bien durante la noche había mucha más quietud. Unas horas después, llegaron al pueblo que marcaba el final de la zona de peligro. La gente agradeció a los guardias su protección y siguieron su viaje en diferentes direcciones.

Después de que todos se hubiesen marchado el swami dio una vivaz descripción de lo que Bhole había hecho durante la noche, y de nuevo no pudo parar de reírse al contar lo de la gallina y lo de los cuatro lobos con siete ojos. Babaji se rió también y dijo que Bhole se había portado muy mal, pero que había mostrado un gran sentido del humor.

Paseo en elefante

Caminaron hasta llegar a un claro del bosque donde había hombres trabajando con elefantes. Bhole se llenó de asombro al ver a los enormes animales transportar grandes troncos como si fueran palillos. Parecían disfrutar de su trabajo obedeciendo a lo que sus dueños les decían. Uno de los "Mahouts" (conductores de elefantes) le contó a Bhole que su elefante era muy inteligente y entendía más de veinte voces de mando diferentes. Bhole, espontáneamente, amó a los elefantes y sintió el deseo de subirse a uno de ellos. Se sintió especialmente atraído por sus dulces y simpáticos ojos y admiró el modo suave en que movían sus enormes cuerpos.

Mientras Bhole y los swamis miraban a los elefantes Babaji hablaba con el encargado que estaba al servicio del "raja", el rey de la región. Babaji conocía bien al raja porque era uno de sus estudiantes. El encargado le dijo a Babaji que estaba a punto de irse con un grupo de elefantes y que les llevaría encantado hasta la próxima ciudad. Cuando Bhole oyó la noticia dio saltos de alegría y le pellizcó el brazo a Babaji.

"¡Gracias, Baba, gracias!" exclamó.

Entonces Babaji le dijo con dulzura: "Hijo ¿por qué me das las gracias a mí? Yo no tuve nada que ver. Dale las gracias a la Madre Divina por haber cumplido tu deseo".

Así que Bhole dijo lo más alto que pudo: "¡Gracias, Madre, Gracias!".

"¿Por qué gritas?" preguntó Babaji. "¿No te acuerdas que la Madre Divina está muy cerca de ti? Reside en tu propio corazón. No necesitas levantar la voz para que te oiga".

"Lo siento, Baba, se me olvidó" dijo Bhole.

Bhole apenas podía contener su excitación mientras esperaban que el grupo se preparase para

marchar. Finalmente Babaji y él estuvieron sentados en una gran cesta a lomos de un elefante.

"Siento como si estuviera sentado en un tejado", dijo Bhole, "un tejado que se mueve".

Delante de ellos el mahout se había sentado en su sitio, en el cuello del elefante, con las piernas detrás de sus orejas. El elefante esperó pacientemente a que el mahout le diera la orden de moverse. El encargado se había instalado encima del primer elefante y los swamis estaban en el elefante detrás de ellos. Bhole estaba como fuera de sí. Saludó con la mano a los swamis y estaba a punto de gritarles algo, pero Babaji dijo:

"Por favor, ahora estate quietecito. No perturbes a los animales y a los mahouts haciendo ruido y no gastes bromas a nadie como hiciste anoche".

Así que Bhole intentó calmarse. Disfrutó del suave balanceo del elefante. Mientras andaban por la selva los elefantes no paraban de columpiar su trompa de un lado a otro para coger hojas y ramas que luego se metían en la boca. Andaban y comían al mismo tiempo. De vez en cuando uno de ellos se paraba y giraba hacia los matorrales soltando una enorme cantidad de excremento.

Bhole se rió y dijo: "¡Esto si que es demasiado!. Mira Baba lo inteligentes que son estos animales. No quieren ensuciar el camino para los demás elefantes. Eso es ser limpio".

Un tiempo después el elefante que iba en cabeza dejó el sendero y los demás le siguieron a través de los matorrales, cogiendo y masticando hojas y ramas todo el tiempo.

"¿A dónde van?" preguntó Bhole. "¿No pasa nada por atravesar así la jungla? ¿No temen perderse?".

"Déjalo a los mahouts", dijo Babaji, "saben exactamente lo que tienen que hacer".

Cuando llegaron a una corriente de agua los elefantes la cruzaron sin ningún problema. Se llenaban la trompa de agua y la vaciaban en la boca. Luego llegaron a un campo cubierto donde había un rebaño de ciervos pastando. Bhole pensaba que los ciervos iban a salir corriendo como suelen hacer cuando se les acerca alguien, pero esta vez no prestaron ni la menor atención a los intrusos. Parecían saber que no había nada que temer y siguieron pastando como si nada, y también parecían ignorar que había gente sentada en los elefantes. Bhole estaba encantado al poder observar los ciervos tan de cerca. Su pelaje era brillante y hermoso con pequeñas manchas claras y cortas colas blancas en incesante movimiento.

"Mantén los ojos abiertos", dijo Babaji, "y verás muchos animales salvajes".

El mahout señaló a una familia de pavos reales y un poco más tarde a un tigre al acecho. Los elefantes no le dieron ninguna atención al tigre cuando pasaron cerca de él. No parecían tener ningún miedo.

"Esto es estupendo", dijo Bhole. "Me gustaría ser un elefante. Entonces no tendría miedo de nada".

"Abuela ¿Has ido alguna vez a lomos de un elefante?" preguntó Rosa.

"Sí querida, pero hace muchísimos años".

"Y ¿No tuviste miedo? Tiene que ser muy alto".

"No, no tuve miedo y me encantó. El elefante era muy quieto y simpático y se portó como el de Bhole".

"¿Hay elefantes también en el hospital donde trabajas?".

"No, en el hospital mismo, no. Pero hay elefantes salvajes en la jungla cercana y del otro lado del ashram en Rishikesh. A veces se les ve bañarse en el Ganges".

"Quiero ir a visitarte a la India, abuela, y también quiero subirme a un elefante".

"Espera a ser un poco más mayor, Rosa, entonces lo disfrutarás más. Mientras, te buscaré un elefante."

El santón Sufi

Después de atravesar varios pueblos, llegaron a una ciudad donde Babaji, Bhole y los swamis descendieron de los elefantes. Dieron las gracias al encargado y a los mahouts por su amabilidad y se fueron al mercado. Allí Babaji preguntó si sabían dónde vivía una persona a quien quería visitar. Uno de ellos reconoció el nombre inmediatamente y mandó a su hijo que les llevara. Éste les condujo por muchas callejuelas donde los niños dejaron de jugar y los miraron con curiosidad.

"Esta ciudad es especial", pensó Bhole, "es muy diferente a Rishikesh y a Haridwar. Las casas son preciosas con tejas y ornamentos y en vez de puertas tienen arcos esculpidos".

El chico se paró en una callejuela y les guió hasta un hermoso patio con suelo de mosaico azul. Había muchas macetas con plantas en flor a lo largo de las paredes. La gente estaba descansando a la sombra de los arcos que rodeaban el patio. El chico señaló una puerta y les dijo que pasaran. Entraron en una habitación amplia donde había mucha gente sentada en el suelo. Un hombre con barba y con una larga túnica y turbante negros estaba sentado en una cama de madera cubierta con una alfombrilla de colores. Cuando vio a Babaji el hombre, que era muy alto, se puso inmediatamente de pie y se acercó a saludarle. Cada uno intentó ser el primero en tocar los pies del otro, lo cual creó una situación curiosa.

"¡Bienvenido, Hermano, Bienvenido! Por favor siéntate aquí. ¡Qué placer verte!", dijo el hombre alto mientras indicaba a Babaji que se sentara en su cama.

"No, querido hermano", dijo Babaji. "Este es tu asiento. Prefiero sentarme en el suelo".

Los swamis y Bhole se acercaron a saludarle. Dedicó un tiempo en mirar a cada uno de ellos. Bhole observó que tenía los ojos dulces y simpáticos, como los de Babaji. Pensó: "Hay mucho amor y mucha felicidad en sus ojos, es como si se viera un trozo del paraíso cuando te miran. Quiero tener los ojos así cuando sea mayor".

El hombre alto sacó unos caramelos de su bolsillo y se los dio a Bhole, que se sentó en quietud cerca de Babaji. Al instante sintió amor por ese hombre.

Mientras Babaji y el hombre hablaban, Bhole miró alrededor de la habitación.

Eran todos hombres con largas barbas, vestidos de blanco y con un turbante blanco o negro. Todos estaban muy quietos y algunos cerraban los ojos, como si meditasen.

Bhole pensó: "¿Qué clase de gente es ésta? Son diferentes de los Brahmacharis y swamis que he visto en la gruta, pero también me resultan familiares".

Llegaron dos chicos con un gran cuenco lleno de agua, se arrodillaron delante de Babaji y con mucho respeto le lavaron los pies. Luego, entró en la habitación una persona cubierta de pies a cabeza con una tela negra. Al principio Bhole se asustó pensando. "¿Qué es eso? ¿Será un fantasma negro?".

Tenía miedo porque no se le veían ni la cara, ni los ojos. Pero Babaji parecía agradecer las atenciones del fantasma y le habló amigablemente. Eso le quitó el miedo a Bhole, pero seguía extrañado. "¿Por qué una persona ha de vestirse así? Tiene que hacer muchísimo calor debajo de esa tela".

El "fantasma negro" roció a Babaji con agua perfumada y le ofreció una bebida en una copa de cristal sobre un plato de plata. Bhole y los swamis también obtuvieron un vaso, pero olía tan fuerte a menta que a Bhole no le gustaba, así que les dio su vaso a los swamis. Babaji y el hombre alto siguieron hablando. Bhole se estaba aburriendo y quería salir al aire libre. El hombre alto se dirigió a Bhole:

"Tienes muchas preguntas", le dijo con una voz dulce. "Mi hijo te enseñará el lugar y te contestará a todas".

Un chico alto, vestido de blanco, se lo llevó al patio donde hacía fresco. Luego salieron a la callejuela y el chico preguntó.

"¿Qué preguntas tienes?".

"No sé", contestó Bhole.

"Pero mi padre notó que tienes muchas preguntas".

"¿Cómo lo sabe?".

"Mi padre es un santón. Para él es fácil saber lo que piensa una persona".

"¿Es un yogui?"

"No, es un verdadero "sufi", dijo el chico.

"¿Qué es un sufi?".

"Los sufis son místicos. Están muy cerca de "Allah".

"¿Qué significa Allah?".

"¿Ves como tienes muchas preguntas?" dijo el chico riéndose.

"En realidad", dijo Bhole, "me estaba preguntando por qué es aquí todo tan diferente de lo de mi pueblo. Cuando vino el sirviente en la tela negra con el té, me asusté".

El chico se rió.

"No era un sirviente, era mi madre", dijo. "Es la

persona más dulce del mundo. No puedes tenerle miedo".

"Pero ¿Por qué lleva esa tela?".

"En nuestra casa se viste como cualquier otra mujer en la India, pero cuando trata a personas de fuera o a extranjeros, se pone un "burka" encima de la ropa. Son nuestras costumbres. Todas las mujeres de esta ciudad lo hacen".

"En mi pueblo", dijo Bhole, "las mujeres se cubren la cabeza con parte de su sari cuando ven extranjeros".

La callejuela llevaba a una plazoleta donde Bhole vio un edificio con una torre. Muchos hombres entraban en el edificio.

"Esto es la mezquita", dijo el chico.

"¿Es como un "mandir" (templo)?, preguntó Bhole.

"Somos musulmanes, no hindúes", dijo el chico. "No vamos a un mandir para adorar a Dios; vamos a una mezquita".

"¿Cuál es la diferencia?".

"No lo sé. Nunca he ido a un mandir", dijo el chico.

"¿Hay estatuas o imágenes de los dioses dentro?".

"No, no hay ninguna representación de dioses. Sólo hay decoraciones para embellecer la casa de Allah", dijo el chico.

"¿Es Allah el nombre de uno de vuestros dioses?" preguntó Bhole.

"Sólo tenemos un Dios y su nombre es Allah" explicó el chico.

"Nosotros", dijo Bhole, "tenemos muchos dioses, pero Babaji me dijo que en realidad son uno y el mismo. Dice que todos los dioses son las diferentes caras de un Único Señor".

"Eso es interesante", dijo el chico. "¿Quieres ver el interior de la mezquita?".

"¡Vale!" dijo Bhole. "¿Qué ocurre dentro?".

"La gente reza. Cada musulmán tiene que rezar cinco veces al día".

"¿Por qué?", preguntó Bhole.

"Porque el profeta Mahoma, bendito sea su nombre, ha dicho que se haga así".

"¿Quién es el profeta Mahoma?".

"Es el que nos enseñó acerca de Allah".

"¡Ah! es un profesor", concluyó Bhole.

"Es el guía y profesor de todos los musulmanes en el mundo entero, bendito sea su nombre", dijo el chico.

Antes de entrar en la mezquita se lavaron las manos, la cara y los pies en una pequeña fuente frente al edificio, igual que hacen los hindúes antes de entrar en un mandir. De repente salió una voz muy fuerte de la torre junto a la mezquita.

"Este es el "muezzin", dijo el chico. "Recuerda a la gente que es hora de decir sus oraciones".

"¿Quieres decir que todo el mundo reza al mismo tiempo?", preguntó Bhole.

"Sí, todos los musulmanes tienen que rezar cinco veces al día".

Bhole pensó: "Eso está bien. Debe de ser mucho más fácil para Dios que todos recen juntos en vez de a horas diferentes".

Se dio cuenta de que hacía mucho tiempo que no rezaba.

"Yo sólo rezo cuando tengo un problema o cuando me ha ocurrido algo estupendo", le dijo Bhole al chico.

Cambio de planes

Disfrutaron de una cena deliciosa en casa del santón sufi. Bhole apreció el sabor exquisito de la comida, especialmente el de los postres. Después, Babaji y el sufi se sentaron a charlar debajo de los arcos del patio y Bhole y los swamis se fueron a descansar porque estaban agotados al final de un día tan lleno de acontecimientos.

Alrededor de la media noche los swamis intentaron despertar a Bhole. "Levántate, Bhole. Tenemos que ir a la estación de ferrocarril".

Al principio Bhole no entendía lo que decían. Había estado en un sueño profundo y se negó a moverse cuando los swamis tiraron de él y le pusieron de pie. Rezongó: "¿Qué queréis?.... Marchaos..... Dejadme dormir".

"¡Venga, Bhole! Date prisa, si no Babaji perderá el tren".

De repente Bhole se despertó totalmente.

"¿Babaji se va en tren?", preguntó.

"Sí, ¡Venga! Tenemos que irnos inmediatamente".

Bhole todavía estaba soñoliento cuando se despidieron del sufi.

"Ha sido un placer teneros aquí", dijo. "Volved cuando queráis".

Andando por las callejuelas vacías y oscuras, encontraron el camino de la estación. El andén estaba lleno de gente esperando al tren. Algunos permanecían sentados en su equipaje, otros dormían en el suelo. Había vendedores ofreciendo sus mercancías, niños corriendo de un lado a otro, bebés llorando y algunos hombres discutiendo. Era un lugar caótico y sucio, con un fuerte olor a pis. A Bhole, que estaba de mal humor, no le gustó nada el sitio.

"¿Adónde vamos, Babaji?" preguntó.

"Tengo que ir a Calcuta, hijo. Es una emergencia. Mañana los swamis te llevarán a tu pueblo".

Esta respuesta le conmocionó. No estaba preparado para separarse de Babaji. Tenía la expectativa de estar más tiempo con él.

"¿Quéééé?", tartamudeó "¿Por qué no puedo ir contigo? Y ¿Qué es una emergencia?".

Se enfadó muchísimo. Con lágrimas en los ojos empezó a gritar: "¿Por qué me haces esto otra vez? ¿Por qué siempre me dejas? Has prometido enseñarme y ahora me mandas otra vez al pueblo". Sollozando ruidosamente añadió: "¡Te odio! Me mientes todo el tiempo. ¡Quiero otro profesor! ¡Ya no quiero verte más, ni a ti, ni a tus estúpidos swamis!".

Luego se alejó y apoyó la cara contra la pared, llorando histéricamente.

En la distancia se oyó el sonido de un tren, y Bhole, que no había estado nunca antes en una estación, se sintió muy raro.

"¿Qué es todo ese ruido?", se preguntó.

Aunque seguía sollozando oyó cómo se el sonido atronador se acercaba . Esto le recordó el ruido de la caída de las rocas durante el terrible deslizamiento de terreno unas semanas antes. Empezó a sentir miedo y se volvió buscando a los swamis, pero no se les veía por ninguna parte. El resto de la gente en el andén no parecía estar alarmada. Con un ruido parecido al rugir del trueno, entró un tren en la estación y la enorme locomotora de vapor escupió un humo maloliente por todo el lugar.

La muchedumbre se precipitó hacia el tren mientras Bhole permanecía agachado junto a la pared. Observó a la gente que empujaba y luchaba por subirse al tren. Algunos incluso trepaban por las ventanas y otros ayudaban a que otros se instalaran en el tejado. Era el mayor y más terrible caos que Bhole había visto nunca.

Pensó: "Esto es horrible. Lo único que quiero es irme de aquí, pero ¿dónde están los swamis? y ¿qué es una emergencia? Jamás había oído esa palabra. ¿Por qué no puedo ir yo también a esa emergencia?".

De repente la máquina produjo otro sonido terrible. Semejante estruendo molestaba mucho a Bhole que intentó taparse los oídos con los dedos. Todavía había gente intentando subirse al tren cuando arrancó.

Bhole tenía la esperanza de que Babaji no estuviera en ese tren, que hubiera cambiado de idea y permaneciera todavía en el andén. Cuando el tren se marchó aún seguía habiendo mucha gente en el andén, pero no estaban ni Babaji ni los swamis. Bhole seguía contra la pared sin saber qué hacer. No entendía qué les podía haber ocurrido a los swamis. Fuera de la estación todo era oscuridad. Estaba demasiado cansado como para sentir o pensar nada. Alrededor suyo la gente comenzaba a poner mantas o trozos de tela en el sucio suelo y se preparaban para tumbarse. Bhole hizo lo mismo, se envolvió en su chal y se acostó. En un minuto estaba profundamente dormido.

Y ahora ¿qué?

A la mañana siguiente le despertó el ruido de un tren entrando en la estación. El humo le hizo toser, y cuando se incorporó vio que la gente intentaba entrar en los vagones. Recordó lo que le había pasado la noche anterior. Pensando en Babaji y en los swamis se le llenaron los ojos de lágrimas.

Pensó, "¿Dónde están? ¿Por qué no han venido a buscarme?".

Se acordó de que había llamado a Babaji mentiroso y que había dicho que los swamis eran estúpidos, incluso había gritado que quería otro profesor.

Pensó "¿Cómo he podido decir esas cosas? Babaji es mi amado padre y mi maestro, le quiero más que a nadie en el mundo y no puedo vivir sin él. Los swamis son mis hermanos. ¿Por qué he dicho cosas tan horribles? ¡Soy malo! Estoy lleno de maldad y no merezco estar con él. Ahora estoy solo en el mundo y todo por culpa mía".

Y empezó a llorar a gritos.

"¡Eh! ¿Qué te pasa?", preguntó un hombre que había dormido cerca de él.

"He perdido a mi padre y a mis hermanos", dijo Bhole sollozando. "No los encuentro".

"¿Cómo son?", preguntó el hombre.

"Son swamis, vestidos de naranja".

"Creo que los he visto", dijo el hombre. "Anoche había dos swamis buscando a alguien. Pero no te vieron por la oscuridad y porque dormías bajo tu chal.

Lo mejor que puedes hacer es ir al jefe de estación. Te ayudará a encontrarlos".

"¿El jefe de estación?", preguntó Bhole. "¿Dónde está?".

"¿Ves la señal en esa puerta? Eso es su oficina. Ve y pregúntale. Deja de llorar. Seguro que te ayudará".

Bhole se levantó, se secó las lágrimas con su chal y despacio se fue hasta la oficina del jefe de estación. Era un alivio saber que los swamis habían estado buscándole, pero se temía que estuvieran muy enfadados. La puerta de la oficina estaba cerrada con llave. Una nota en la puerta decía que el jefe de estación estaría de vuelta en una hora. Bhole se sentó en un banco de madera y levantó las piernas descansando la cabeza en las rodillas. Cerró los ojos y se sintió muy triste.

Pensó: "Soy tan malo que ya no puedo ser estudiante de Babaji. No merezco nada. Y estoy seguro de que la Madre Divina tampoco quiere a un chico como yo. ¡Estoy perdido! ¡Completamente perdido!.

Por fin oyó una voz familiar. "¡Eh, Bhole! ¿Dónde has estado? Te hemos estado buscando toda la noche".

El corazón de Bhole empezó a latir y se cubrió la cara con las manos. No quería mirarles porque se sentía demasiado avergonzado y no sabía qué decirles.

"Gracias a Dios, por fin te hemos encontrado. Estábamos terriblemente preocupados por si te había pasado algo".

Un swami le tocó suavemente el hombro y el otro, sentándose a su lado, intentó verle la cara. Bhole se sentía confuso por su bondad.

Pensó: "¿Por qué no están enfadados después de todo lo que les dije? Deberían gritarme y pegarme".

El jefe de estación llegó unos minutos más tarde. Señalando a Bhole, preguntó:

"¿Es este el chico? Me alegro de que lo hayáis encontrado. Una estación de ferrocarril no es un sitio adecuado para niños de su edad. Ahora lleváoslo a casa y vigiladle no vaya a volver a escaparse".

Agarró a Bhole del brazo y le dijo en tono severo: "No quiero volver a verte por aquí. Este no es sitio para un chico como tú. Si te vuelvo a ver en el andén ¡llamó a la policía! ¿Lo entiendes?".

Bhole se sintió helado y no se podía mover.

"¿Me entiendes?" repitió el jefe de estación, sacudiéndole el brazo.

"Sí, señor", dijo Bhole suavemente.

"Ven, hermano. Vámonos", le dijo uno de los swamis poniéndole el brazo alrededor de los hombros. "Olvidemos el pasado y preparémonos para el futuro. Desayunaremos y luego iremos al mercado a comprar comida para el viaje".

Deshacer el nudo

Dejaron la ciudad y emprendieron el camino hacia las montañas. Ya no llovía, pero tampoco hacía demasiado calor. Los swamis hicieron todo lo posible para animar a Bhole, le señalaron las cosas hermosas y le contaron historias divertidas, pero él no respondió. Se mantenía en silencio. La mayor parte del tiempo sólo miraba al suelo o al horizonte. Seguía a los swamis como un corderito y no contestaba a sus preguntas.

Anduvieron todo el día parándose de vez en cuando para descansar a la sombra. Bhole no tenía hambre. Sólo se comió una fruta y bebió agua. Estaba profundamente deprimido. Por la noche llegaron a un pequeño templo rodeado de un muro bajo.

"Vamos a pasar la noche aquí", dijo uno de los swamis abriendo la verja. "Entremos al templo para rendir homenaje a la Madre Divina".

Bhole dijo abruptamente: "No, yo espero fuera".

El swami no estaba de acuerdo, pero la decisión de Bhole era inquebrantable.

"No, no quiero entrar, dejadme solo".

Los swamis decidieron turnarse para entrar en el templo. Uno de ellos debía quedarse con Bhole porque temían que si le dejaban sólo volvería a escaparse.

Bhole se sentó con la espalda contra la pared. Estaba muy cansado y se sentía completamente perdido. Pensó: "¿Por qué he tirado todo lo que me es más querido? No me entiendo a mí mismo. ¿Qué clase de persona soy?".

Se puso a rezar: "Babaji ¿dónde estás? ¡Te necesito tanto!".

Como no había respuesta pensó: "Esto es la prueba de que ya no quiere saber nada de mí. Ahora estoy solo en el mundo. Nadie me quiere y tienen razón. No merezco su amor. Soy demasiado malo para estar con ellos".

Miró brevemente al swami que estaba sentado a corta distancia de él con los ojos cerrados, como si rezara. Luego vio un pequeño sendero que llevaba a la jungla. Sin vacilar se levantó y empezó a andar por ese camino. El swami no pareció notar que Bhole se había ido.

Caía la noche cuando Bhole entró en la selva, pero estaba demasiado trastornado para notarlo. Su único deseo era estar lejos de todo el mundo. Andaba tan rápidamente como podía y no tenía ni idea de dónde iba. A medida que oscurecía tuvo que caminar más despacio, porque había muchas rocas y otros obstáculos en el sendero. Notó un leve olor a humo en el aire y se preguntó si no habría fuego en alguna parte. Poco después vio que el sendero conducía a una cabaña y que había un fuego delante. Se acercó con cautela. Parecía no haber nadie.

"¡Hola! ¿Hay alguien?".

Una voz melodiosa le contestó: "Sí ¿Quién está ahí?".

Una señora salió de la cabaña. A la luz de la lámpara de aceite que llevaba en la mano pudo ver que llevaba un sari blanco con un borde azul, pero no podía verle muy bien la cara.

"Namaste" dijo Bhole, tocándole cortésmente los pies.

"Bienvenido, joven amigo", dijo la señora. "Es un honor tenerte de huésped. Por favor, siéntate.

¿Quieres un cuenco de sopa? Estaba a punto de cenar".

Bhole vaciló: "Muchas gracias por la oferta, pero no tengo mucha hambre", dijo Bhole.

Pero la señora no pareció haberle oído. Volvió pronto y le ofreció un gran cuenco de sopa.

"Toma", dijo, "esta sopa te sentará bien, hijo".

Se la tomaron en silencio. Tenía un delicioso sabor a hierbas frescas.

"Ahora, cuéntame tu historia", dijo la señora cuando hubieron terminado de comer.

Bhole guardó silencio. No sabía qué decir.

"¿Tan difícil es decirme quién eres y de dónde vienes?", preguntó la señora.

Bhole se dio cuenta de que ni siquiera se había presentado, así que dijo rápidamente, "mi nombre es Bhole y......" vaciló, "y ..... no sé quien soy" añadió.

La dama sonrió.

"Sí, esa es la razón por la cual viniste a este mundo. Naciste porque querías descubrir quien eres realmente ¿No es así?".

Bhole asintió.

"Ayer", dijo, "era tan sólo Bhole. Luego cometí un grave error y ahora yo....".

Se calló de nuevo.

"Ahora sientes como si estuvieras en un gran lío", dijo la señora. "Quieres ser un buen chico, alguien que no tiene debilidades y que no comete errores. Pero ayer descubriste que no eres así. Cometiste un grave error".

"El mayor error de mi vida", añadió Bhole. "Y ahora estoy perdido".

"Espera un momento", dijo la señora. "Dime exactamente ¿cuán perfecto eras antes de ayer?".

Bhole guardó silencio unos segundos y luego admitió: "Creo que nunca fui tan perfecto. A veces era bueno, pero en otros momentos era muy malo. Dependía de la situación y de mi humor. En la cueva a menudo molestaba a los swamis y no siempre escuchaba a Babaji, pero a pesar de eso, ellos siempre me querían".

"Y ahora crees que ya no te quieren".

"Yo .... no sé", dijo Bhole. "¿Por qué habrían de querer a alguien que les llama mentirosos y estúpidos?".

"¿Acaso son estúpidos? Y ¿Te han mentido?" preguntó la señora.

"No. Ese es justo el problema", dijo Bhole. "Estaba furioso y me salieron esas palabras de la boca".

"Así que", dijo la señora, "perdiste el control y ahora temes que ya no te quieran".

"No. Soy yo el que ya no me quiero. Me odio a mí mismo por lo que les dije. Ese el problema", dijo Bhole en voz baja.

"Quieres ser bueno y no te puedes perdonar haber cometido un error ¿no es así?".

"Sí, así es. ¡Quiero tanto a Babaji! Siento mucha vergüenza", dijo Bhole y una gran lágrima le corrió por la mejilla. "Quiero estar con él todo el tiempo, pero tuvo que irse a Calcuta por una emergencia y dijo que tengo que volver a mi pueblo, lo cual significa que ya no le voy a ver hasta el verano que viene. Eso es demasiado tiempo, ¿sabe? demasiado tiempo".

La dama asintió, entendiendo, mientras él lloraba.

"Y luego te enfadaste y te fuiste", dijo ella.

"Sí", dijo Bhole. "No sabía qué hacer. De repente todo se volvió demasiado difícil para mí".

"¿Acaso salir corriendo lo hizo todo más fácil?" preguntó la señora con dulzura.

"No sé. No he pensado en eso", dijo Bhole.

"¿Sabes?", dijo la señora después de un largo silencio. "Cometer un error no es un problema. Todos los seres humanos cometen errores. Pero si repites el mismo error una y otra vez, entonces se convierte en un gran problema. Eso es lo que hay que evitar. Lo más importante es aprender de tus errores y no repetirlos. Ten eso muy claro en tu mente. Naturalmente volverás a enfadarte y a perder el control, pero la próxima vez intenta no decir cosas que van contra de los demás. Decide mantener la boca cerrada hasta que sepas realmente lo que quieres decir sin agredir a nadie".

"Un error no es un problema si no lo repites", dijo Bhole sonriendo. "Eso es justo lo que me dijo Babaji, pero lo difícil es recordar eso en el momento preciso".

"Y tienes que aprender una cosa más", dijo la señora. "En los momentos de pánico después de haber cometido un error, estate quieto, quédate donde estés, si no, cometerás más errores y eso empeorará la situación".

"Así que cometer un error no es un problema siempre y cuando no lo repita, y después de cometer el error, no salir corriendo. ¿Lo he entendido bien?", preguntó Bhole.

"Sí, hijo mío, y ahora vuelve rápidamente con los swamis y no olvides que la Madre te quiere muchísimo".

"¿Madre? Quiere decir.... ¡Es Ud....!", exclamó Bhole, pero ella ya no estaba.

Pensó "¿Dónde se ha ido?... ¿Dónde están la cabaña y el fuego junto al cual estábamos sentados?"

"¡Oh!" dijo Bhole, intentando incorporarse. Había estado toda la noche apoyado contra la pared y tenía las piernas dormidas.

Pensó: "¿Fue un sueño? o ¿Fue realmente la Madre Divina quien me habló?".

Se acordaba claramente de cada detalle – la cabaña, el sabor de la sopa, el color de su sari, su hermosa voz, pero por desgracia no se acordaba de su cara. Sin embargo sabía a ciencia cierta que Ella le había ayudado a aclarar su mente y que había dicho que le amaba. Al recordar esto le embargó un sentimiento de alegría y de gratitud. Se levantó despacio y vio que el cielo tenía el color rosado del amanecer. Entró en el templo y cayó de rodillas ante la estatua.

"Gracias, Madre, muchísimas gracias, nunca olvidaré lo que me has enseñado", dijo desde el fondo de su corazón.

Los swamis seguían durmiendo cuando Bhole se fue a bañar a un riachuelo cercano. También lavó su ropa para quitar todas las manchas del pasado y empezar de nuevo. Cuando los swamis se unieron a él lo primero que hizo fue pedirles perdón por su conducta. Les dijo que sentía muchísimo haber dicho aquellas cosas y haberles causado problemas con su huida. Les rogó que le perdonaran y dijo que intentaría no volver a cometer ese error.

Los swamis estaban sorprendidos por el cambio que había tenido lugar en Bhole. Se alegraron de que hubiera podido superar su problema.

"Abuela, no entiendo por qué la Madre Divina le dijo a Bhole que cometer un error no es un problema. Creo que la mayoría de la gente no estaría de acuerdo con eso", dijo Raúl.

"Si tienes miedo de cometer un error, Raúl, nunca podrás emprender cosas nuevas y entonces ¿cómo vas a aprender? Por ejemplo, cuando yo era joven tenía miedo a intentar saltar del trampolín a la piscina porque no

quería caer de plano en la tripa. Todos mis amigos podían hacerlo, pero yo saltaba desde el borde. Tenía miedo de cometer un error y por eso nunca aprendí a saltar desde el trampolín. Si me hubiera dado la oportunidad de cometer algunos errores habría podido aprender".

"Pero la Madre Divina le dijo a Bhole que no repitiera sus errores. Entonces ¿cómo podía aprender"? preguntó Raúl.

"Repetir un mismo error es diferente, Raúl. A menudo sucede que la persona que comete un error piensa que es mala y que nunca va a cambiar. Eso quiere decir que nunca intentará mejorar su conducta. En las cárceles hay mucha gente que piensa así. Swami Rama nos enseñó que los errores, en realidad, son útiles. Nos dan la oportunidad de aprender algo y de progresar. No tengas miedo a equivocarte, pero intenta no repetir el error. Eso es lo que nos decía siempre Swami Rama".

La emergencia

Durante más de una semana caminaron por senderos de montaña, evitando con cuidado los sitios donde podían ocurrir deslizamientos de terreno. Bhole había vuelto a ser él mismo. Aunque se lo pasaba muy bien con sus hermanos todavía echaba de menos a Babaji. Les preguntó a los swamis qué emergencia había ido a atender Babaji y le contaron una historia muy interesante:

"Hace muchos años, cuando Babaji estaba en un sitio del noroeste de la India, él y otros swamis encontraron el cuerpo de un hombre tendido al borde del agua. El hombre parecía estar muerto, pero Babaji le volvió a traer a la vida. Sin embargo, cuando el hombre volvió a ser consciente de sí, no pudo recordar ni quién era, ni de dónde venía. Parecía haber perdido por completo la memoria. Se quedó con Babaji muchos años y llegó a ser un swami.

Un día, Babaji le dijo que visitara ciertos lugares que le ayudarían a recordar su pasado. En uno de esos lugares encontró a una señora que le reconoció como hermano suyo. Ella era una princesa y él un príncipe. Poco a poco, lentamente, recuperó la memoria. Descubrió que su esposa y un hombre a quien ella amaba y que era médico le habían envenenado. Pensando que estaba muerto llevaron su cuerpo a un lugar de cremación, cerca del río. Antes de que la cremación tuviera lugar cayó una lluvia torrencial que arrastró el cuerpo al río. Babaji y sus swamis lo encontraron varias millas más abajo".

"Esa es una historia muy interesante", dijo Bhole. ¿De veras ha ocurrido?".

"Sí, Bhole, y cuando estábamos cenando con el santón Sufi, Babaji recibió el mensaje de que el príncipe swami tenía un problema serio y necesitaba ayuda con urgencia. Por eso tuvo que irse a Calcuta tan rápidamente".

"Ahora sí lo entiendo", dijo Bhole. "¡Ojalá lo hubiera sabido antes! ¿Por qué no me contó lo que era esa emergencia?.

Bienvenido a casa

Tras un viaje largo y cansado por fin llegaron al pueblo. Bhole tenía muchas ganas de ver a Bhaiya y de volver a estar con su tío. Subiendo el sendero hacia su casa le saludaron los vecinos: "¡Namaste, Bhole! ¿Qué tal estás? ¿Todavía no eres un swami?".

Cuando llegó a la casa, Bhole se sorprendió al ver salir a su madre de la cocina para acogerle.

"¿Has vuelto?", dijo Bhole "¿Estás mejor?".

Ella asintió y exclamó: "¡Dios mío! ¿Es este mi niño chico? Estás casi más alto que yo ¿Cómo es posible?".

De la casa salió otra mujer a la que Bhole no había visto nunca .

"Bhole, esta es tu tía Seema. Me cuidó cuando estaba enferma. Ella y tu tío Dhruv viven aquí ahora.

"Y ¿Dónde está mi tío?", preguntó Bhole.

"Él y su mujer se han ido a vivir a Delhi, donde tiene un nuevo trabajo".

Un poco más tarde presentó a Bhole y a los swamis a su tío Dhruv. Era un hombre muy corpulento. Bhole nunca había visto a nadie tan grueso. Tenía tres barbillas y su vientre era tan gordo como el de Ghanesha, el dios hindú con cabeza de elefante.

Tío Dhruv les preguntó por su viaje y por cómo habían podido atravesar las montañas a pie sin que los animales salvajes les devoraran o sin que los deslizamientos de tierra los sepultaran.

Los swamis le dijeron que siempre se sienten protegidos porque están en manos de Dios.

"Y tú, Bhole", preguntó Tío Dhruv "¿También te crees eso?".

"Sí, tío", contestó Bhole, preguntándose cómo había podido subir su tío desde el valle hasta la casa.

Los swamis se despidieron de Bhole porque iban a pasar la noche en un ashram a unos kilómetros más allá del pueblo.

"Por favor, llevadme con vosotros. Yo también quiero dormir allí", dijo Bhole con lágrimas en los ojos.

Pero los swamis le dijeron que sería mejor para él quedarse con sus parientes.

"Todo ha cambiado tanto", se quejó Bhole. "Estoy triste porque mi tío ya no vive aquí".

"Pronto te acostumbrarás a la nueva situación, hermano. Rezaremos por ti".

Y se fueron, dejando allí a Bhole.

Reencuentro con Bhaiya

Bhole se secó las lágrimas y decidió que se sentiría mejor si iba a recoger a Bhaiya.

Pensó: "También les puedo dar a las señoras las botellas con agua del Ganges".

Mientras bajaba por el sendero que llevaba a la casa de Tío Perrito se preguntaba cómo reaccionaría Bhaiya al verle. Bhole estaba seguro de que ladraría y daría grandes saltos, como hacía cuando estaba contento. Se acordó del año anterior y de cómo recibió la noticia de la muerte de Madre Perrita y se preocupó por si le había pasado algo a Bhaiya. Bhole encontró a Tío Perrito sentado en el porche.

"Namaste, tío" dijo.

"¡Hola, Bhole! ¿Eres tú?, dijo sorprendido. "¿Lo has pasado bien?".

"Sí, tío", dijo Bhole, "ha sido maravilloso pero un poco corto".

"¡Ah! Estarás impaciente por volver al cole ¿no?" dijo con una gran sonrisa.

"¡Para nada!", exclamó Bhole. "No puedo ver la escuela, me habría gustado más nacer perro".

"Si hubiera ocurrido eso yo habría sido tu profesor, y te habría entrenado con mucha dureza", dijo Tío Perrito en broma. "Ven, vamos a ver qué está haciendo Bhaiya. Seguro que se ha echado la siesta a la sombra".

Como suponía le encontraron debajo de un árbol. Cuando Tío Perrito le llamó, estiró despacio las patas y con pesar abrió los ojos.

"Bhaiya, ¡mira quien está aquí!".

"¡Ven, Bhaiya, ven!", dijo Bhole.

Al oír la voz de Bhole el perro inmediatamente pegó un salto y corrió hacia Bhole, le olisqueó por todas partes como si no pudiera creerse que realmente fuera él. Bhole le puso los brazos alrededor del cuello y le dio un gran abrazo.

"Parece diferente", dijo "¿Ha perdido peso?".

"No, sólo ha perdido mucho pelo por el calor. Le ayudé un poco cortándoselo. En invierno volverá a tener su hermoso pelaje. Lo pasó verdaderamente mal la primera semana sin ti. Se sentaba en la verja todo el día y se negaba a comer. Incluso alguna vez se escapó hasta tu casa y tuve que ir a buscarlo.

"Pobre Bhaiya, lo siento", dijo Bhole recordando la tarde en que le había dejado con Tío Perrito. Estaba tan ansioso por irse que no le había prestado mucha atención.

"Hubiera debido prepararle y explicarle que sólo me iba por poco tiempo. Estoy seguro de que me habría entendido".

"Bhaiya, ahora no tienes problema", dijo Tío Perrito, acariciándole. "Bhole por favor, ven a verme de vez en cuando. Quiero mucho a este perro y lo voy a echar de menos".

"¿Has oído, Bhaiya?", dijo Bhole, "no soy tu único amigo. Todo el mundo te quiere".

Un problema serio

Yendo hacia su casa, con Bhaiya andando alegremente a su lado, Bhole se sintió mucho mejor. Estaba contento de estar otra vez con su hermano Bhaiya y agradeció a la Madre Divina que no le hubiera ocurrido nada durante el verano.

"Daremos largos paseos y todas las tardes te llevaré a nadar al río", prometió Bhole. "Y una vez a la semana iremos a visitar a Tío Perrito. ¿Vale, Bhaiya?".

Éste meneó el rabo y Bhole le dio otro abrazo.

Cuando llegó a la casa su madre le esperaba en la puerta.

"¿Dónde has estado?", preguntó. "Estábamos preocupados porque es casi de noche y no sabíamos dónde andabas".

"Por favor, madre, no te preocupes por mí. Conozco muy bien los caminos por esta zona. Sólo he ido a casa de Tío Perrito a recoger a Bhaiya".

"¿Bhaiya, Tío Perrito? ¿Quién es esa gente?", preguntó su madre.

"Este es Bhaiya, mi hermano perrito. Seguro, madre, que te acuerdas de Madre Perrita ¿no?".

"¿No era esa perra grande que murió el verano pasado? Me acuerdo que la querías mucho".

"Sí, madre, y éste es su hijo. Es mi hermano perrito y estamos siempre juntos. Le he echado mucho de menos este verano y él también a mí. Ambos estamos muy contentos de estar juntos otra vez".

"Pero, Bhole", dijo su madre con vacilación, "me temo que tenemos un serio problema. Tu tía Seema le tiene mucho miedo a los perros, y tu tío Dhruv me ha dicho que no quiere ver ningún perro cerca de la casa".

"No te preocupes, Madre", dijo Bhole riendo. "Bhaiya es un perro bien adiestrado. Ha estado en una escuela de perros y no le hará ningún daño a mi tía Seema. Estoy seguro de que pasado algún tiempo le querrá. Todo el mundo quiere a Bhaiya. Le llevaré a ver a tío Dhruv ahora mismo y le mostraré lo obediente que es. Cambiará de idea cuando conozca a Bhaiya".

"¡Oh, no! ¡No hagas eso Bhole! Todavía no conoces a tu tío Dhruv. Nunca te permitirá tener un perro. Es un hombre de principios y nada puede hacerle cambiar de parecer".

"Entonces, no sé qué hacer", dijo Bhole, tristemente.

"Se puede quedar contigo esta noche en la habitación de atrás", dijo su madre, "pero mañana por la mañana tendrás que llevarle a algún sitio, y por favor asegúrate de que no ladre".

Bhole se fue a hacer su cama en la pequeña habitación del fondo. Pensó "¿Cómo puede alguien no querer a Bhaiya?".

Luego dijo con decisión: "Bhaiya, haremos que esta gente cambie de parecer, quieran o no".

Pero no tenía ni idea de cómo lograrlo y no paraba de buscar una solución.

"Por favor, Madre Divina", rezó. "Ayúdame a encontrar una manera de que Bhaiya se pueda quedar conmigo. Por favor, ayúdame".

A la mañana siguiente se despertó al alba y salió para llevarse a Bhaiya de paseo. Hacía una hermosa mañana y las montañas estaban espléndidas. El aroma de montones de flores y de hierbas perfumaba el aire. Bhole empezaba a sentirse feliz de haber vuelto a su pueblo, aunque tenía una nube oscura en la cabeza. No sabía qué hacer con Bhaiya.

Pensó: "¿Cómo puedo convencer a tío Dhruv de las ventajas de tener un perro? Los perros son necesarios para ahuyentar a los ladrones y para impedir que las ratas y otros roedores roben comida de la cocina. Sin un perro las serpientes venenosas anidan debajo de la casa y los chacales y los zorros vienen a matar a las gallinas. Pero si tío Dhruv es un hombre de principios no se dejará convencer sólo con palabras. Es mejor asustarle y dejarle que tome por sí mismo la decisión de que se necesita un perro".

Se sentó en una roca para pensar y no tardaron en acudir a su mente muchas ideas.

Pensó: "Si tuviera un par de ladrones, una caja llena de ratas y unas pocas serpientes, podría hacer que tío Dhruv se mease en los pantalones. Seguro que entonces cambiaría de opinión".

Se rió para sus adentros al recordar las bromas que solía gastarles a los swamis en la cueva.

Pensó: "Sapos, ranas, lagartos, grandes arañas e incluso un fantasma serían útiles para convencer a tío Dhruv. Pero ¿dónde se puede quedar Bhaiya mientras tanto? Quizá las dos señoras mayores estarían de acuerdo en ayudar. Si Bhaiya pudiera quedarse en la cabaña de herramientas unos días, él tendría tiempo de planificarlo todo".

Saltó de la roca convencido de que iba a tener éxito y echó a correr hasta la casa de las dos señoras. Vio a una de ellas trabajando en el jardín. Ella le miró y le dijo: "¡Bhole, qué bien volver a verte! ¿Por qué no vienes esta tarde a tomar un té? Queremos que nos cuentes todo acerca de tu peregrinación".

Bhole le contó el problema que tenía con Bhaiya y ella, sin vacilar, le dio permiso para que Bhaiya se instalase en la cabaña.

"Hemos tenido problemas con unas ratas que han anidado allí", dijo ella. "Bhaiya nos puede ayudar a echarlas. Pero, Bhole, no podremos darle de comer. Tenemos la comida muy justa para nosotras, así que tú tendrás que traérsela".

"Vale", dijo Bhole, "ahora me voy a casa y pronto volveré con comida para él".

En casa encontró a su tía Seema en la cocina, preparando el desayuno para tío Dhruv.

"Namaste, tía Seema", dijo Bhole cortésmente tocándole los pies.

"Namaste, chico", dijo tía Seema en tono simpático. "¿Cuántos chapatis quieres para desayunar?".

"Eeeeeh.... creo que comeré..... doce", contestó Bhole.

Tía Seema abrió los ojos como platos.

"¿Has dicho doce?"

"Sí, tía. Creo que doce serán suficientes para hoy. Por la mañana tengo siempre mucha hambre", explicó Bhole.

"¡Pero si eso es hasta más de lo que se come tío Dhruv! Él siempre se come diez".

"Tío Dhruv ya no crece, pero yo sí", dijo Bhole riéndose. "Y me gustaría también dos grandes vasos de leche".

Tía Seema, que no tenía ninguna experiencia con niños, se quedó extrañada. Pensó: "Nunca he oído que un niño tenga tanto apetito". Y se puso a hacer la pila de chapatis.

Mientras, Bhole buscaba la manera de sacar la comida de la casa. Esperó a que su tía se fuera a servirle el desayuno a tío Dhruv y entonces cogió un cacharro viejo, lo llenó con los chapatis y la leche, lo cubrió con su camisa y se metió en su habitación a esperar. Cuando estuvo seguro de que tía Seema había vuelto a la cocina, salió sin hacer ruido y se fue a casa de las dos señoras. Se rió para sus adentros imaginándose la reacción de tía Seema cuando viera que la enorme pila de chapatis había desaparecido tan rápidamente.

Bhaiya le esperaba pacientemente en la cabaña sin entender lo que ocurría. Se relamió con la comida que le había traído Bhole y luego quiso irse con él. Pero Bhole le dijo que tenía que quedarse allí hasta que solucionase los problemas en casa.

Plagas

Durante los días siguientes Bhole trabajó duro creando problemas en la casa. Primero desarrolló una estrategia para atraer roedores. Por la noche ponía unos granos de arroz y de lentejas en sitios donde esperaba que vinieran ratones y ratas. Al día siguiente se levantaba temprano para ver si su plan había funcionado y le encantaba ver que la comida había desaparecido. Excrementos en el suelo indicaban que habían venido los roedores. Repitió esto tres noches seguidas y las tres veces obtuvo el mismo resultado.

Animado por el éxito de la primera etapa de su plan, Bhole decidió empezar la fase siguiente que consistía en atraer a los roedores a la despensa. Por la noche, cuando estuvo seguro de que todos dormían, abrió la puerta de la cocina y la de la despensa y puso arroz, lentejas y restos de comida detrás de los botes en las estanterías. No tardaron mucho las ratas y los ratones en tener allí festejos nocturnos. Parecía como si les dijeran a todos sus amiguetes que en casa de Bhole había comida gratis, porque cada vez venían más y más roedores. Al alba, antes de que los demás se despertaran, Bhole cerraba las puertas con la esperanza de que algunos de estos roedores se hubieran quedado dormidos detrás de los botes.

La siguiente etapa de su plan tenía que ver con serpientes. Bhole sabía que había serpientes viviendo debajo de la casa. Siempre habían estado allí y nunca habían causado ningún problema a la familia. En las montañas se considera una bendición que una serpiente escoja tu casa como refugio, porque ayudan a mantener el terreno libre de plagas alrededor de la casa. Ahora Bhole quería animarlas a subir hasta el segundo piso. Para lograrlo, atrapó ranas y sapos y los dejó en la escalera y en el balcón de arriba, donde estaba la habitación de tío Dhruv.

Tía Seema fue la primera en notar que algo iba mal. Había nacido y se había criado en la ciudad y no le gustaba mucho la vida de pueblo porque la encontraba demasiado primitiva. Pero tampoco quería que su hermana se quedase sola en la casa y había prometido estar con ella. En realidad había empezado a gustarle la vida en el pueblo a causa del aire fresco y limpio, pero últimamente ya no se sentía a gusto. Cada vez que entraba en la cocina o en la despensa oía ruidos sospechosos que venían de detrás de los botes de arroz y de lentejas. Sentía que no estaba sola en la habitación pero tenía demasiado miedo de investigar y descubrir qué había.

"Hermana", le dijo a la madre de Bhole. "Creo que hay algo extraño en la despensa. Cada vez que voy tengo la impresión de que no estoy sola. ¿Qué crees que puede ser?"

"No tengo ni idea", contestó la madre de Bhole. "Tal vez sea sólo un ratón buscando algo que comer. No hay motivo para tener miedo. Como todo está guardado en cacharros de cerámica no encontrará nada que comer y se irá".

Pero esto no era así y tía Seema se sentía más y más a disgusto cada día. Un día abrió la puerta de la cocina y una rata casi le corre sobre los pies. Dio un grito y casi se desmaya del susto. La madre de Bhole bajó corriendo. "¿Qué ha pasado?", preguntó.

"Me ha atacado una rata", dijo con esfuerzo tía Seema. "Venía de la cocina. Yo no vuelvo a entrar allí".

Bhole también había oído a su tía gritar y fue a ver qué pasaba.

"¿Hay algún problema?", preguntó con cara inocente.

"Una rata salió de la cocina cuando tu tía Seema abrió la puerta", explicó su madre.

"Eso es terrible", dijo Bhole pretendiendo estar preocupado. "No debería haber ratas en la cocina. Son muy peligrosas porque pueden contagiarnos enfermedades. Hemos de atraparla inmediatamente".

"Pero, ¿cómo se puede hacer?", preguntó su tía.

Bhole hizo como que pensaba y buscaba una solución. Finalmente dijo: "Creo que la única solución es buscar un perro entrenado para este trabajo".

"¡Oh, no!" gruñó tía Seema. "Un perro no".

"No sé de ningún otro animal que se atreva a cazar a esas peligrosas ratas", dijo Bhole. "Y además necesitamos un perro también para las serpientes".

"¡Serpientes!" aulló tía Seema horrorizada. "¿Es que también hay serpientes?".

"Sí, tía. Ayer vi una arriba", mintió Bhole, "justo en frente de la habitación de tío Dhruv. Era enorme y se estaba comiendo una rana".

Tía Seema se puso pálida.

"Tengo que tumbarme", dijo sin aliento.

"Ven, te llevaré a tu habitación", dijo la madre de Bhole abrazando los hombros de su hermana.

"Por favor, quédate conmigo. ¡Tengo mucho miedo!", susurró tía Seema.

En el transcurso de la mañana tío Dhruv llamó a Bhole a su habitación.

"Siéntate, chico", le dijo señalando el suelo delante de la cama en la que estaba tumbado. "¿Has notado alguna plaga de bichos en la casa últimamente, como ratas o serpientes?"

"Sí, tío", dijo Bhole. "He visto algunos últimamente".

"¿Por qué te crees que han escogido esta casa?", preguntó su tío con severidad.

"Creo que es porque ya no tenemos perro", contestó Bhole intentando ser la viva imagen de la inocencia. "Antes nunca habíamos tenido este problema porque teníamos un buen perro que estaba entrenado para mantener a estos bichos alejados de la casa. Un día hasta atrapó a dos ladrones. Siempre nos hemos sentido seguros cuando estaba con nosotros, tanto dentro como alrededor de la casa".

"¡Hmm! Y, ¿dónde está ese perro ahora?".

"Se ha quedado con dos señoras mayores que viven aquí cerca, tío. Está ayudando a limpiar su cabaña de ratas".

"En realidad, no me gustan los perros", gruñó tío Dhruv. "Son sucios y viciosos".

"Este no es así, tío," dijo Bhole con convicción. "Está bien entrenado y bien atendido. Es el mejor perro del pueblo. Puedes preguntarle al alcalde".

"Tu tía tiene miedo a los perros", arguyó tío Dhruv.

"Pero también le aterran las ratas y las serpientes" añadió Bhole.

Tío Dhruv guardó silencio durante un tiempo. Finalmente dijo: "Ella misma tendrá que decidir qué es peor, si un perro o una plaga de ratas y de serpientes. Ahora te puedes ir. Dile que venga a mi habitación".

"Sí, tío. Gracias tío", dijo Bhole encantado.

Pero cuando abrió la ventana que daba al balcón, se paró de repente. Había una enorme serpiente durmiendo justo allí.

"¡Uuuh!" dijo Bhole, volviendo a meterse a toda prisa en la habitación.

"¿Qué pasa, chico?", preguntó tío Dhruv.

"Hay una serpiente delante de tu puerta, tío. Tengo miedo de despertarla si salgo por aquí. ¿Puedo salir por la otra puerta?".

Tío Dhruv podía ver a la serpiente desde su cama.

"Cierra la puerta rápido" dijo con voz temblorosa. "Y trae aquí a ese perro cuanto antes".

Bhole corrió a decirle a su madre que tío Dhruv había cambiado de opinión acerca de tener un perro.

"Por favor, hazle saber a tía Seema que tío Dhruv quiere tener un perro aquí para ahuyentar a ratas y serpientes. Y dile que Bhaiya no será un problema, porque siempre estará conmigo. Puede que tía Seema y tío Dhruv tarden unos días en acostumbrarse a

Bhaiya, pero estoy seguro de que le van a querer, como le quiere todo el mundo".

En secreto rezó a la Madre Divina. "Gracias, Madre, por haberle dicho a esa serpiente que se eche la siesta a la puerta de la habitación de tío Dhruv".

Entusiasmado, Bhole fue a casa de las dos señoras para recoger a hermano Perrito.

"Bienvenido a casa por fin", le dijo a Bhaiya cuando llegaron a la verja de su vivienda.

De vuelta al cole

El primer día de cole llegó más rápido de lo que le hubiera gustado a Bhole. Él y Bhaiya se fueron de casa temprano como siempre. Bhole tenía puesto un uniforme nuevo y llevaba con orgullo su primera verdadera mochila de colegio, un regalo de tío Dhruv. Decidió que ese año estudiaría mucho, puesto que su otro tío ya no estaba allí para darle clase por las tardes.

Bhole ya era un estudiante mayor así que tenía el privilegio de utilizar libros. En la escuela, sin embargo, sólo había unos cuantos libros de lectura y otro de matemáticas. Sólo los mejores estudiantes tenían permiso para usar los libros.

Bhole se puso muy contento cuando el profesor le dio un verdadero libro, aunque las páginas estaban más bien rotas y sucias. Era un libro de historia e inmediatamente se puso a leerlo. Le gustó mucho lo que leía, pero el profesor pronto le dijo que dejara de leer y le pasara el libro a otro chico que era nuevo en la clase.

"Pero todavía no he terminado, señor" objetó Bhole.

"Mejor será que no lo termines demasiado pronto", dijo el profesor riéndose, "porque tienes el resto del año para leer y releer ese libro".

Eso fue una gran desilusión para Bhole que habría podido fácilmente leerse un libro cada día.

Pero el profesor le reservaba otra sorpresa.

"Mira, Bhole. Coge este libro en vez del otro", dijo. "Te voy a enseñar matemáticas".

"¿De verás? ¡Eso sí que me gustaría!".

Bhole tuvo que esperar a que el profesor terminara de dar a los niños más pequeños sus pizarras. Finalmente volvió a Bhole y le dijo que leyera las páginas una y dos del libro de matemáticas. Era un libro muy viejo. Lo habían usado muchos estudiantes y algunas de las páginas o estaban rotas o faltaban. A veces era difícil leer lo que ponía. A Bhole le encantó de todas maneras. Le gustaba jugar con los números desde que los swamis en la cueva le enseñaron a contar del uno al cien. A menudo contaba los pasos que daba al andar cuesta arriba y daba números a grandes rocas y árboles de la selva. También contaba guijarros y palitos cuando estaba jugando y a veces también contaba cuántas veces masticaba la comida, porque Babaji le había dicho que era bueno para su salud masticar cada trozo por lo menos treinta y cinco veces. Últimamente había contado las cacas de los ratones para calcular cuántos visitaban la despensa por la noche. En el libro de matemáticas había muchos juegos diferentes con números, como sumas y restas. Todo eso era fácil y divertido para Bhole, y se olvidó de lo demás mientras calculaba. Se metió tanto en el libro que al final de la mañana ya iba por la mitad. Cuando el profesor se dio cuenta de esto, se enfadó.

"¿Qué has hecho toda la mañana?", preguntó. "No te he dicho que pases las páginas. Tenías que hacer todos los ejercicios de las páginas 1 y 2, en vez de pasar las páginas sin entenderlas".

"Pero no hay nada que no entienda, señor", afirmó Bhole. "Todo está claro y he terminado las sumas hasta la página 16".

"Entonces, ¿dónde están las respuestas, señor arrogante?".

"Aquí", dijo Bhole, señalando el suelo alrededor suyo. "Mi pizarra estaba llena por ambos lados, así que puse las demás respuestas aquí".

El profesor se calló. Vio que Bhole había hecho todos los cálculos con un palo en el suelo de arena y estaban bien.

El profesor pensó. "Esto es un milagro. Tal vez su tío le haya enseñado matemáticas en casa".

Al finalizar las clases el chico nuevo le llamó.

"¿Es tuyo este perro?", le preguntó en un hermoso Sánscrito.

"Nada es mío, todo pertenece al Señor", contestó Bhole solemnemente en el mismo idioma.

Ambos chicos se echaron a reír. El chico se presentó como Arjun y le dijo que había estudiado en una escuela Sánscrita desde la edad de cinco años y que ahora vivía con su tío que era un "pandit" (sacerdote y erudito hindú) en un pueblo cercano. Bhole le dijo que había estudiado Sánscrito con los swamis en la cueva. Acordaron pasar tiempo juntos para poder hablar en su idioma favorito.

Cuando Bhole volvió a casa aquella tarde estaba de muy buen humor.

"¿Qué tal la escuela?", le preguntó su madre.

"Hoy sí que lo he disfrutado. He aprendido matemáticas con un libro y hay un chico nuevo que habla Sánscrito".

"Me encanta saber que te gusta estudiar", dijo su madre.

"¡Ah! Madre, en la escuela sólo hay unos pocos libros y me gusta mucho leer. ¿Sabes si hay algún libro en la biblioteca de padre que yo pueda estudiar?".

"No lo sé", dijo su madre. "Pregúntale a tío Dhruv si te permite coger un libro, así sabrás la respuesta por ti mismo".

Tío Dhruv pareció alegrarse de que Bhole estuviera interesado en leer y le dio permiso para abrir la caja en la que estaban almacenados los libros. Cuando vio que la humedad y los insectos habían estropeado muchos de ellos, sugirió ponerlos al sol y limpiar la caja.

"Pero estoy demasiado cansado para hacer esa tarea, así que tendrás que hacerlo tú, chico", dijo.

"Esta bien, tío. Empezaré ahora mismo", dijo Bhole alegremente.

Bhole estuvo atareado con los libros de su padre toda la tarde. Cuidadosamente limpió y abrió cada uno de ellos para saber de qué trataban. Algunos eran muy antiguos y difíciles de leer. Otros no estaban encuadernados, eran páginas sueltas con una cubierta de planchas de madera y estaban envueltos en una tela de color marrón. Muchas de las hojas estaban muy estropeadas por los insectos. Había también libros más recientes acerca de hierbas, plantas medicinales y astrología, un tema que el padre de Bhole había estudiado en profundidad. Finalmente, en el fondo de la caja encontró una gruesa copia del "Ramáyana", su historia favorita acerca de Rama.

Después de limpiar todos los libros preguntó a Tío Dhruv si podía leer el Ramáyana.

"Lo puedes leer, pero guarda el libro en la habitación y no te lo lleves a ningún otro sitio", le contestó.

Predicciones

Los días siguientes Bhole volvía deprisa del colegio e iba derecho a la habitación de su padre para leer el Ramáyana. Ya estaba muy familiarizado con la historia y le entusiasmaba leer el libro entero a solas.

Cuando oscurecía tenía que dejar de leer, pero seguía fantaseando con las aventuras del Príncipe Rama y de Sita, su esposa, que había sido secuestrada por un malvado llamado "Ravana". A menudo pensaba en los actos heroicos de Hanuman, el ayudante de Rama. Hasta soñaba con ayudar a Rama a rescatar a su esposa y volar por el aire en el "Pushkar", el vehículo de Rama.

Bhole se preguntaba qué tal sería volar como un pájaro y poder llegar fácilmente a las cumbres de las montañas más elevadas.

Cuando estuvo en "Pequeña Inglaterra" hojeó revistas con fotos de máquinas hechas para volar y el swami médico le había asegurado que en occidente se estaban desarrollando con éxito unos vehículos llamados: "aeroplanos".

"Tal vez en el futuro no tengamos que viajar a Inglaterra en barco porque podamos ir en aeroplano", había dicho.

Un día, cuando Bhole volvía del cole y estaba a punto de ir a la biblioteca a leer el Ramáyana como siempre, vio unos zapatos a la entrada de la habitación de su padre. La puerta estaba cerrada, pero a través de la ventana abierta podía oír a tío Dhruv hablar con unas visitas. Se sentó en la veranda porque no quería molestarles y esperaba que se fueran pronto. No tenía especial interés en lo que estaban diciendo. Parecía que discutían asuntos de negocios. Pero entonces oyó a tío Dhruv preguntar: "¿Y qué hay del chico? ¿Cuál va a ser su futuro? ¿Hemos de dejarlo con esos swamis o es mejor mandarle a un buen colegio? En este pueblo hay personas que creen que está destinado a ser un gran hombre, aunque yo personalmente no veo nada especial en él. ¿Me podéis decir algo acerca de su futuro?".

Bhole era todo oídos. Pensó: "Estos visitantes deben de ser astrólogos o personas que te dicen la buenaventura".

Se hizo silencio en la habitación. Sólo podía oír ruido de papeles. Finalmente la voz de un hombre dijo: "Esto es notable. Nunca he visto tantos signos favorables. ¡Mirad esto! ¡Es extraordinario!".

"Esto es efectivamente raro" dijo otra voz. "Este chico tiene el signo de un gran hombre, un gran líder. También será muy espiritual. Pero ¡mira aquí! ¡Oh! ¡Qué lástima! No podrá desarrollar sus potenciales porque no va a vivir lo suficiente. Su vida terminará cuando tenga sólo veintiocho años. ¡Qué lástima!"

Al principio, Bhole pensó que la conversación era sobre otro chico, pero cuando se dio cuenta de que era de él de quien estaban hablando ya no quiso oír más. Se levantó y se fue a su cuarto. Cerró la puerta y se tumbó en la cama, tratando de recordar lo que acababa de oír.

Recordó: "Tiene el potencial de un gran hombre pero está destinado a morir a edad temprana".

Calculó cuántos años de vida le quedaban, "veintiocho menos once son diecisiete".

Aunque esto le parecía mucho tiempo, él siempre había pensado que llegaría a viejo, por lo menos hasta los sesenta, como su padre, o incluso más. Se sentía muy desilusionado y las lágrimas brotaron de sus ojos.

Pensó: "Tal vez no tendré ni siquiera tiempo de llegar a ser médico. ¿Por qué me tiene que ocurrir esto a mí? ¡Ojalá no hubiera escuchado la conversación! Ahora que sé que no voy a vivir mucho tiempo toda mi vida ha cambiado y ya no puedo volver a ser tan feliz como antes".

Bhole estaba tristísimo y no quería levantarse de la cama. Pero Bhaiya no aceptaba eso. Tenía la costumbre de dar un paseo por la tarde, así que una y otra vez ponía la pata sobre el pecho de Bhole como diciéndole: "Venga hermano, es hora de salir".

Por fin Bhole cedió y se llevó a Bhaiya al río donde el perro inmediatamente saltó al agua. Pero Bhole no estaba de humor para nadar. Se quedó sentado, observando el incesante fluir del agua.

Pensó: "Los ríos no tienen que morir. Tan sólo cambian su curso a veces. Me gustaría ser un río. Nacer humano es duro. ¿Para qué nacer si tienes que morir cuando todavía eres joven?".

Con este pensamiento le brotó mucha ira. Cogió un guijarro y lo lanzó al agua, tan lejos como pudo. Más piedras siguieron. Bhaiya intentó cogerlas, para él era un juego estupendo; sin embargo para Bhole era la expresión de toda la ira que se había apoderado de él. Tuvo ganas de tirarles piedras a todas las cosas, a las rocas, a los árboles y a todos los astrólogos del mundo. Hasta le hubiera gustado golpear a las estrellas, que eran la causa de toda su desgracia.

Todavía estaba irritado y trastornado cuando emprendió la vuelta a casa. Al subir el sendero puso toda su energía en golpear el suelo con los pies, como si quisiera castigar a la tierra. En casa hizo lo mismo al entrar en la cocina donde su madre estaba preparando la masa de los chapatis.

"¿Cuántas veces te he dicho que no golpees así el suelo de la cocina?", gritó. "Mira lo que has hecho. Ha caído arena y polvo en la masa y esta noche estarán en los chapatis".

Bhole furioso respondió: "Me importan un pepino tus estúpidos chapatis" y siguió golpeando el suelo.

Eso era demasiado para su madre. Se enfadó y gritó: "Si no tuviera las manos llenas de masa, te daría un buen azote y golpearía tu cabezota contra la pared ¿Me oyes?".

Bhole, todavía lleno de ira, pero también avergonzado de haberle hablado mal a su madre, contestó: "No tendrás que hacerlo. Lo haré yo mismo ahora".

Y con toda su fuerza golpeó la cabeza contra la pared.

"¡Uuuuuh!....", exclamó y sosteniéndose la cabeza con ambas manos desapareció en su cuarto.

Su madre estaba perpleja. Sentía haber dicho lo que dijo y le preocupaba pensar que se hubiera hecho daño. Pero cuando miró a la pared no se pudo creer lo que veía: "¡Oh, Señor!" exclamó. "¡Ha hecho un agujero en la pared con su cabeza! Tal vez haya muerto. ¡Oh, Señor! ¡Perdóname! ¡Por favor, haz que viva!".

Rápidamente se limpió las manos y corrió hacia la habitación de Bhole. La puerta estaba cerrada con llave desde dentro.

"Bhole, hijo, ¿estás bien? Por favor contéstame. ¿Estás bien?".

"Sí, Madre estoy bien. Por favor déjame solo" contestó Bhole a través de la puerta.

"Pero ¿Cómo tienes la cabeza? ¿No te duele? ¿Sangra? Por favor déjame verte".

Bhole abrió la puerta despacio.

"Lo siento, Madre", dijo, "he sido un maleducado contigo. Por favor perdóname".

"Claro, hijo", dijo su madre abrazándole.

Después de examinarle la cabeza, dijo: "Esto es un milagro. No hay ni un chichón. Tu cabeza tiene que ser más dura que la pared. ¿Cómo es posible?".

Se fue para subir y contárselo a tía Seema.

Mientras, el humor de Bhole cambió. Se le ocurrió que tal vez esos hombres no eran tan buenos adivinos, así que ¿para qué creerlos? A lo mejor se habían inventando esa historia para impresionar a tío Dhruv. Es más, tras golpearse la cabeza contra la pared se sentía muy vivo y llegó a esta conclusión: "si estoy vivo no puedo estar muerto. Así que, ¿para qué he de preocuparme por algo que puede ocurrir o no en el futuro? Es mejor disfrutar de la vida ahora y no perder tiempo en tristezas, porque estar triste es lo mismo que estar muerto".

Respiró hondo, se levantó y se fue a la cocina a preparar la comida de Bhaiya. Vio el agujero en la pared y no podía creerse lo que había hecho con su cabeza. Sonrió pensando: "De ahora en adelante mi nombre será Bhole-cabeza-de-hierro. Tendré que avisar a mis amigos de que poseo un arma mortífera".

"Abuela ¿No es Bhole la misma persona que Swami Rama?, Preguntó Rosa.

"Sí, cariño. Este libro es acerca de su infancia. ¿Te acuerdas?".

"Entonces esas predicciones eran falsas, porque cuando le conociste ya era un hombre mayor".

"Así es", dijo la abuela.

Sorpresa

Pocas semanas más tarde, cuando Bhole había casi terminado de leer el Ramáyana, notó que volvía a haber unos zapatos delante de la habitación de su padre.

Pensó: "¡Uy uy uy! Habrán vuelto esos adivinos. Bueno pues hoy no voy a escuchar su conversación. ¿Quién sabe la sarta de mentiras que le estarán contando a tío Dhruv esta vez? No quiero volver a sofocarme".

Se sentó de espaldas en la otra punta de la veranda. Oyó que se abría la puerta y la gente hablaba mientras salía de la habitación. Bhole no quería ni mirar. No estaba de humor para conocerlos, pero por curiosidad decidió echarles un vistazo rápido. Inmediatamente se levantó de un salto. No podía creer lo que veían sus ojos. ¡Babaji y dos de los swamis de la cueva caminaban hacia él! Su corazón se puso a latir muy deprisa y se quedó allí como si estuviera helado.

"¡Eh, hijo! ¿Qué te pasa? Parece que hubieras visto un fantasma", dijo Babaji bromeando.

"Es que yo....yo... no puedo creer que seas tú", tartamudeó Bhole. "¿Eres real o estoy soñando?".

"Puedes pellizcarme, si quieres", dijo Babaji, "Y yo te voy a pellizcar a ti fuerte si no me das un gran abrazo ahora mismo".

Olvidándose de todo Bhole se lanzó a los brazos de Babaji y, como siempre, se le llenaron los ojos de lágrimas. Se avergonzó mucho de estar llorando delante de los swamis.

"Queríamos darte una sorpresa", dijo Babaji en tono alegre, "Y veo que lo hemos conseguido. Estamos visitando la zona y si quieres y el maestro de la escuela no se opone, puedes venir con nosotros en este corto viaje".

"¡Oh, Babaji, gracias!" Fue todo lo que Bhole pudo decir.

Al cabo de una hora estaban de camino. La madre de Bhole había preparado y empaquetado una comida deliciosa para cada uno e insistió en que Bhole se llevara un cálido chal de su padre, porque de noche podía hacer mucho frío en las montañas. Antes de dejar el pueblo hicieron una parada para visitar a las dos señoras mayores a quienes les encantó ver a Babaji. Querían tocarle los pies, pero Babaji no las dejó porque sabía que tenían problemas de espalda. Babaji les agradeció que le hubieran salvado la vida a Bhaiya cuando era cachorrito. Luego habló con ellas en un lenguaje que Bhole no podía entender.

La siguiente parada fue la casa de Tío Perrito donde Bhole tuvo que dejar a Bhaiya. Esta vez, antes de irse, Bhole hizo que Bhaiya se sentase muy quieto y le dijo que se iba por un tiempo corto.

"Espero que haya entendido lo que le he dicho", dijo Bhole a los swamis. "Durante las vacaciones de verano sufrió mucho porque pensó que yo había desaparecido para siempre".

Tío Perrito se alegró de tener el honor de conocer a Babaji y Bhole estaba feliz de ver a sus dos amadísimos profesores conversando.

De allí caminaron hasta el pueblo del compañero de clase de Bhole, Arjun. Babaji visitó al tío de Arjun que era el pandit del antiguo templo sobre la colina.

Hablaron largo y tendido. Antes de marcharse, Babaji le dijo a Bhole que el tío de Arjun estaba de acuerdo en enseñarle Sánscrito y que cada día, después del colegio, Arjun y él estudiarían las escrituras juntos. También le dijo a Bhole que no llevara a Bhaiya al templo, porque los perros del pueblo no permitirían a Bhaiya entrar en su territorio y que si lo intentaba le atacarían. Bhole prometió dejar a Bhaiya con Tío Perrito, cada día, de camino a su clase de Sánscrito.

Fantasmas

Cuando llegaron a una encrucijada de caminos, Bhole se inquietó y dijo: "Babaji, no vayamos por este sendero. Vayamos por el otro lado".

"¿Por qué? ¿Qué le pasa a este sendero?", preguntó Babaji.

"¿Ves ese gran árbol de allí? Pues ahí vive un fantasma. Todos los del pueblo lo saben y nadie utiliza este sendero".

"Pues justamente a mí me encantan los fantasmas y me gustaría encontrarme con ese", dijo Babaji riéndose. "¡Venga! Descansemos debajo de ese árbol y veamos si está el fantasma en casa".

A Bhole no le gustaba nada esa actitud porque veía que Babaji no le creía y lo tomaba a broma. Cuando se acercaron al árbol Bhole se puso nervioso, aunque sabía que Babaji era muy poderoso y le protegería de cualquier cosa que ocurriese.

El árbol era muy viejo y hermoso, con muchas raíces aéreas que colgaban como una cortina. Babaji y los swamis no parecían tener ningún miedo y se sentaron cómodamente debajo del árbol, como si no hubiera ningún fantasma peligroso moviéndose sobre sus cabezas. Babaji cerró los ojos e inmediatamente entró en meditación mientras Bhole, que estaba sentado a su lado, no paraba de mirar hacia arriba para ver si ocurría algo inusual. No se sentía a gusto y se preguntaba si Babaji podría protegerle mientras meditaba. Cuando los swamis empezaron también a meditar Bhole se inquietó aún más. Pensó:

"Aquí estoy yo con tres swamis meditando. Me pregunto si podré luchar solo contra el fantasma".

La única solución que encontró fue cerrar los ojos y ponerse también a meditar. Pero tenía la mente llena de pensamientos acerca del fantasma. Casi lo sentía subido sobre su cabeza y se esperaba que en cualquier momento una mano fría y huesuda le agarrase por el cuello. Las historias de Arjun acerca del fantasma le habían asustado muchísimo.

"Ese fantasma", le había dicho, "tiene los dientes muy afilados y puede separar la cabeza de su cuerpo y llevarla debajo del brazo. Es conocido por el apetito que tiene de niños malos, especialmente chicos de nuestra edad, y todos los padres del pueblo les han dicho a sus hijos que nunca se acerquen a ese árbol".

Con sólo pensar en ello a Bhole le entraban sudores y le aparecieron gotas en la frente.

De repente una voz severa interrumpió sus pensamientos. Era Babaji que preguntaba con enfado:

"¿Quién te ha dado ese mantra?".

Bhole abrió los ojos como platos.

"¿Qué mantra, Baba?" No estaba repitiendo ningún mantra", dijo Bhole secándose el sudor de la frente.

"Sí que lo hacías", dijo Babaji. Todo este rato has estado meditando en "fantasma, fantasma, fantasma", sin parar. Eso te ha creado un estado de mucha ansiedad. Deja esa tontería y utiliza el mantra que te he dado".

"Pero es que le tengo mucho miedo al fantasma, Baba. Es muy peligroso sentarse debajo de este árbol. Ni tú ni los swamis parecéis entenderlo", objetó Bhole.

"Ese fantasma", dijo Babaji, "sólo existe en tu mente y en la de la gente de este pueblo. No hay absolutamente ningún fantasma viviendo es este árbol y nunca lo ha habido".

"Pero la gente del pueblo le ha visto, Baba, y le ha oído gritar en mitad de la noche".

"Seguro que lo que oían era el aullido de lobos o de chacales. Sabes muy bien como suena eso ¿no?", dijo Babaji con ironía.

Bhole asintió. Recordó la noche en la jungla cuando asustó a la gente con su imitación del aullido del lobo. Pero aún así no estaba convencido de que no hubiera ningún fantasma viviendo en ese árbol.

"¿Cómo podría sacarme a ese fantasma de la cabeza, Baba?".

"Utilizando tu poder de discernimiento, hijo" contestó Babaji.

"¿Eso qué quiere decir?".

"Es un poder que tiene todo el mundo, pero que no muchos saben utilizar bien. Hay miles de pensamientos continuamente circulando por tu mente. Algunos son útiles y otros no. Algunos tienen sentido y otros son tonterías. Todo el mundo tiene que aprender a observar sus pensamientos y a reconocer la diferencia entre pensamientos correctos y útiles y pensamientos equivocados y dañinos. Seguro que pensar en fantasmas no te es útil ¿verdad?".

"No", dijo Bhole, mirando otra vez hacia arriba del árbol. "Pero ¿cómo es posible que todos los del pueblo tengan la misma idea falsa en la mente?"

"Levántate y ven conmigo. Te voy a enseñar algo. Andemos alrededor del árbol y veamos si encontramos la causa", dijo Babaji.

Anduvieron dos veces alrededor del árbol, pero Bhole no vio nada destacable. Babaji señaló unos matorrales y dijo: "Mira, ahí está la solución del misterio. Escondida detrás de esas plantas está la entrada de una cueva. Alguien la está usando y por lo visto no quiere que lo sepa nadie. Por eso hizo correr el rumor de que hay un fantasma peligroso aquí.

Probablemente esa cueva la utilizan bandidos o contrabandistas para esconder su botín".

"Ahora tengo todavía más miedo", dijo Bhole. "Vámonos antes de que esos criminales descubran que sabemos su secreto".

"De momento", le aseguró Babaji, "no hay nada que temer. Esos malandrines suelen dormir de día y trabajar de noche. Pero, tienes razón. Deberíamos irnos ahora, porque antes del anochecer quiero visitar a una persona más".

"Abuela, si cada ser humano tiene ese poder de discernir ¿Por qué no hemos oído hablar de ello en el colegio? Preguntó Raúl.

"Constantemente estás aprendiendo a discernir, Raúl, pero no te das cuenta de ello. Para aprender la diferencia entre una conducta y otra, usaste ese poder. Ahora que eres mayor tienes cosas más difíciles y sutiles que aprender, como por ejemplo la diferencia entre pensamientos útiles e inútiles".

"Eso es difícil. No sabré hacerlo sin la ayuda de un profesor como Babaji", suspiró Raúl.

"Tal vez te ayude tener un diario donde escribir cada día los pensamientos que te perturbaban y tus dilemas. Cuando, después de unos días, leas lo que has escrito, te será fácil ver cuáles de esos pensamientos tienen sentido y cuales no", dijo la abuela.

Lecciones

El sendero a través de la selva les llevó a una cuesta muy empinada. Bhole fue el primero en llegar arriba.

"¡Muy bien, Bhole!" dijo Babaji cuando llegó arriba un poco más tarde. "Sabes trepar mucho mejor de lo que solías. Tus piernas deben de ser mucho más fuertes".

"No es sólo eso", dijo Bhole con orgullo, "también ha cambiado algo en mi mente. He aprendido a concentrarme en un solo paso a la vez y esto hace la subida mucho más ligera. Solía mirar hacia arriba cuando había una cuesta y cuando veía lo difícil y empinado que era el camino, enseguida se me cansaban las piernas y empezaba a quejarme. Ahora ya no miro hacia arriba e intento disfrutar de cada paso. Así llego a lo alto antes y sin cansancio".

"Muy bien, hijo", dijo Babaji. "¿De dónde has sacado esa sabiduría?"

"Me lo ha enseñado El swami médico, Baba, y le estoy muy grandecido", contestó Bhole.

"En realidad, puedes aplicar lo mismo a la meditación" dijo Babaji. "Como meditador tienes todavía un largo camino que recorrer. Si no dejas de pensar en la meta te parecerá que nunca vas a poder alcanzarla. Pero si practicas cada día con constancia y lo disfrutas llegarás a tu meta en esta encarnación".

"Pero ¿cuál es la meta final, Baba?".

"La meta final es reconocerlo todo como Tú Mismo y como Dios", contestó Babaji.

"Ya conozco a la Divina Madre", dijo Bhole.

"Pero todavía no te conoces a Ti mismo, hijo. Aún tienes mucho que aprender", dijo Babaji, "y siempre estaré a tu lado para ayudarte".

"Eso sí que está bien", dijo Bhole, "porque nunca lo podría conseguir solo".

Después de un breve descanso tuvieron que bajar por un sendero estrecho y resbaladizo a lo largo de un profundo precipicio.

"Ten cuidado", avisó Babaji. "Este sendero es peligroso".

"No te preocupes, Baba", contestó Bhole alegremente. "No me voy a morir hasta que tenga veintiocho años".

"¿Quién te ha dicho eso", preguntó Babaji sorprendido.

"Un día oí a unos adivinos hablar de ello con Tío Dhruv", dijo Bhole. "Pero no les creo. Sólo decían tonterías".

"Esos hombres no eran adivinos, Bhole", dijo Babaji seriamente, "eran famosos astrólogos. Tu tío me ha enseñado los papeles y sus predicciones son correctas. Pero no tienes nada de qué preocuparte, hijo. La Madre Divina te protegerá, porque durante esta encarnación le vas a ser de gran ayuda. No te morirás antes de que se te vuelva el pelo gris y la barba blanca".

"Me alegro de que me digas eso, Baba", dijo Bhole aliviado. "A decir verdad, he estado muy preocupado por si esos hombres habían dicho la verdad, pero también sé que tú y la Madre Divina estáis siempre a mi lado para ayudarme".

Llegaron abajo sanos y salvos y no tardaron en ver una pequeña cabaña en medio de la selva donde vivía un swami con su ayudante. El swami practicaba el silencio y utilizaba una pizarra para escribir, como el Baba que había conocido Bhole unos meses antes. De repente Bhole se dio cuenta de que tenía hambre y miró alrededor para ver si había frutales cerca. Como no vio ninguno se preguntó si el swami les ofrecería alguna fruta.

"¿Crees que este Baba podría hacer una manzana para mí?", preguntó en voz baja.

"Pero ¿de qué estás hablando?", dijo Babaji. "Estamos en medio de una selva. No puede haber manzanos aquí".

"Pero una vez visitamos a un Baba que podía hacer crecer manzanas en cualquier árbol", contestó Bhole. "Y me pregunto si este swami tiene también ese siddhi".

"Este swami no malgasta sus poderes en hacer manzanas para un niño mimado como tú".

"Pero ¿ Por qué tú no tienes esos poderes, Babaji?", preguntó Bhole. "Sería mucho más fácil si no tuviéramos que llevar comida en un viaje así".

"El Señor siempre nos da lo que necesitamos, Bhole. No tenemos que preocuparnos por esas cosas". Contestó Babaji.

"Babaji ¿cuántos años tendré que meditar antes de poder hacer que crezcan manzanas en cualquier árbol?", preguntó Bhole un poco más tarde.

"Escucha bien, hijo", dijo Babaji, "entiendo que te haya impresionado encontrar a un yogui que podía producir manzanas a voluntad, pero un siddhi así es un regalo especial de Dios. Sólo puede recibirlo alguien que lo merece. Si tanto deseas unas manzanas es mejor que vayas al mercado a comprarlas o que plantes un manzano en tu jardín. Deja que sean los manzanos los que hagan las manzanas. Ellos saben hacerlo. Meditar sólo para tener manzanas es una idiotez. ¿Lo entiendes? Si tu única meta en la vida fuera comer manzanas, tendría sentido trabajar duro para conseguirlo, pero tú y yo aspiramos a metas mucho más elevadas".

"Pero a mí...", insistió Bhole, "sigue apeteciéndome una manzana".

"Entonces tendrás que esperar a que lleguemos a un pueblo", dijo Babaji. "Y ahora guarda silencio como ese swami y escucha las canciones de los pájaros".

"Lo único que puedo oír", dijo Bhole con enfado, "son los rugidos de mi estómago".

El valle de Shiva

A la mañana siguiente, antes de reemprender el viaje, Babaji le dijo a Bhole que iba a mostrarle un lugar muy sagrado. "Hasta los dioses vienen a adorar a Shiva en este lugar. Si me prometes estarte muy quietecito y no gritar ni hablar alto te lo voy a enseñar".

"¡Vale!" dijo Bhole, "intentaré estarme quieto".

Tras otra pendiente muy empinada y peligrosa alcanzaron un valle en forma de U, cubierto de altos árboles llamados "deodar". A Bhole no le cupo duda de que ese era el lugar sagrado. El perfume fresco y el tenue color verde de las hojas largas y suaves de los viejos árboles le daban al valle un encanto de ensueño. Bhole pensó: "Esto me recuerda la selva donde encontré a la Madre Divina aquella tarde en que huí de los swamis".

Andando a lo largo del sendero Babaji señaló un árbol deodar de gran porte con tres ramas en lo alto de la copa que tenían la forma de un enorme tridente, como el tridente de Shiva.

"Ves, Bhole", dijo Babaji, "Shiva en persona vigila este valle. Ha puesto su tridente aquí, a la entrada".

Anduvieron sólo un poco más y llegaron a un templo pequeño en el que entraron para rendir homenaje a Shiva. Era un lugar lleno de paz y quietud. El único sonido que se oía era el ocasional tintineo de las campanillas del templo cada vez que entraba alguien.

Babaji y los swamis se sentaron a meditar. Bhole también se sentó un rato y luego salió a ver los alrededores. Todo era tan hermoso y perfecto que se sintió invadido de felicidad. Decidió que el paraíso debía ser así. Se quedó cerca del templo toda la tarde. De vez en cuando entraba y se sentaba a meditar como Babaji y los swamis.

Por la tarde subieron a una de las colinas a visitar un sadhu muy mayor que vivía allí en una cabaña. Se alegró mucho de ver a Babaji y les invitó a todos a cenar con él. No parecía tener ningún ayudante, así que Bhole se preguntó cómo había podido el sadhu preparar comida para todos ellos. Habría sido demasiado trabajo para un hombre tan mayor. Se preguntó si este sadhu era otro de esos yoguis que podían hacer aparecer comida a voluntad. Estuvo a punto de preguntar si el sadhu tenía ese siddhi, pero recordó que Babaji no aprobaba ese tipo de preguntas. Decidió callarse y disfrutar de los excelentes manjares.

Después de la puesta de sol empezó a hacer frío en el valle, así que Bhole y los swamis se sentaron cerca del fuego, cubiertos por sus chales. Babaji y el sadhu no parecían sentir el frío, estaban sentados cerca de la cabaña, hablando en voz muy queda en un lenguaje que Bhole no podía entender. Le preguntó a uno de los swamis qué lenguaje hablaban. El swami contestó que debía ser "el lenguaje del crepúsculo", un lenguaje que hablan los yoguis cuando están en meditación profunda. Bhole se acordó de que Babaji había hablado igual en la cueva donde había dormido con los tigres pequeños.

Pensó "Espero que Babaji me enseñe ese lenguaje algún día. Suena a música celestial".

Más tarde llegó un visitante y se sentó cerca del fuego al lado de Bhole. Era un hombre joven, vestido de blanco, con una chaqueta marrón oscuro sin mangas, como los pueblerinos. Tenía una cara muy atractiva, y sus ojos impresionaron mucho a Bhole.

Pensó: "Brillan tanto que parece como si irradiaran luz. Desde luego son los ojos de un yogui. Pero este hombre es demasiado joven para ser un yogui. Los yoguis son siempre viejos y sabios".

El joven era muy simpático y le hizo a Bhole muchas preguntas acerca de su pueblo y su colegio. También le preguntó lo que quería alcanzar en la vida. "Esa es una pregunta difícil", contestó Bhole. "Creo que quiero ser médico, swami y también yogui". El joven se rió y dijo: "Todas son difíciles de alcanzar".

"Realmente quiero ser médico", dijo Bhole, "porque hay mucha gente aquí en las montañas que padecen enfermedades y nadie les ayuda".

De repente un sonido extrañp interrumpió su conversación y la tierra empezó a temblar debajo de Bhole. Antes de que pudiera saber lo que ocurría, se encontró rodando hacia atrás a lo largo de toda la pendiente. Cayó unos cuantos metros antes de poder agarrarse a una rama. Consiguió sujetarse fuerte a ella hasta que encontró un sitio estable donde poner los pies. El joven ayudó a Bhole a volver a subir al lugar donde estaba la cabaña.

Babaji, el sadhu y los swamis estaban sentados en meditación como si nada hubiese ocurrido, así que ambos se volvieron a sentar cerca del fuego. De vez en cuando la tierra temblaba ligeramente y Bhole, que todavía no se había repuesto de la repentina caída, se alegraba de que ahora el joven le sujetara la mano y le impidiese volver a caer.

"Eso sí que ha sido un temblor de tierra", dijo Bhole. "Me alegro de que hayas estado ahí para ayudarme".

"El Señor manda ayuda cuando es necesario" dijo el joven. Luego se levantó y desapareció en la oscuridad.

Bhole pensó: "¿Cómo podrá saber por dónde va en la oscuridad. No tiene ni linterna ni nada que le ilumine el camino. Me pregunto dónde irá. A lo mejor vive cerca y conoce el camino como yo conozco los senderos de mi pueblo".

A la mañana siguiente cuando Bhole les contó a Babaji y a los swamis la historia del temblor de tierra, todos dijeron que no habían sentido nada, ni visto a nadie.

"Pero yo estoy seguro de que no estaba soñando", dijo Bhole. "¡Mirad! Cuando me caí, me hice daño. Mirad los arañazos que tengo en las piernas y en los brazos y allí, donde las ramitas estás rotas, es donde paré".

"¿Puedes describir al joven?" preguntó Babaji.

"Era muy hermoso y tenía los ojos de un yogui", contestó Bhole. "Le quise enseguida y nos pusimos a hablar como viejos amigos".

Babaji y el sadhu se miraron. "Tiene que haber sido un gran Maestro de yoga", dijo Babaji.

"Es muy posible", dijo el sadhu. "Ha venido aquí otras veces".

"Pero no parecía un Maestro", objetó Bhole. "Era demasiado joven y tampoco era un swami. Iba vestido como un pueblerino".

Babaji sonrió.

"Los grandes yoguis no tienen edad y son difíciles de reconocer. Has sido muy, muy afortunado al conocer a uno de los grandes Maestros del Himalaya".

"¿Cómo se llama?", preguntó Bhole.

"Tiene muchos nombres", dijo el sadhu. "La mayoría de la gente le llama sólo Babaji".

Sin miedo

Se pusieron en camino temprano al día siguiente y llegaron a una pequeña ciudad en un paraje precioso en lo alto de una colina. Esa ciudad era famosa por ser un centro de entrenamiento militar. Bhole miró con asombro a los oficiales del ejército Británico con sus uniformes impecables y sus llamativas condecoraciones.

"¿Podré tener ropa así cuando sea mayor?", preguntó Bhole.

"Claro que sí", contestó Babaji, "pero entonces tendrás que entrar en el ejército. Los chicos como tú de las montañas del Garhwal tienen fama de ser muy buenos soldados, porque son fuertes y sanos y no temen perder la vida en la batalla".

"¿Contra quién tienen que luchar"?, preguntó Bhole.

"Depende", dijo Babaji. "El imperio Británico es muy grande y podrían mandarles a diferentes partes del mundo donde gobiernan los ingleses, o se podrían quedar en la India, para ayudar a mantener el orden".

"¿Eso quiere decir que podrían tener que pegar tiros a los hindúes?", preguntó Bhole asombrado.

"Por supuesto", contestó Babaji.

"Entonces no quiero ser soldado del ejército Británico", dijo Bhole con determinación. "Yo sólo quiero luchar contra demonios y monstruos como hicieron Rama y Hanuman en tiempos antiguos".

Bhole se quedó pensando unos minutos y luego preguntó:

"Babaji, ¿ un swami puede ser un soldado?".

"No, Bhole. Un swami practica la ciencia del yoga. El primer paso de esta práctica es "ahimsa", lo cual significa no dañar o no causar daño a otras personas, ni a animales".

"Eso me gustaría más que combatir en el ejército Británico", dijo Bhole. "Creo que es mejor ser médico y ayudar a la gente enferma que pegarles tiros".

Ese día Babaji y los swamis se encontraron con mucha gente. Como siempre que visitaban una ciudad, vino una multitud a tocarle los pies a Babaji y a recibir su bendición. Traían regalos como flores, frutas y dinero. A Bhole le encantaba sentarse cerca de Babaji en esas ocasiones y se sentía grande. Pensaba: "Ser el hijo de Babaji me convierte en alguien especial. Seguro que a los demás niños no les ocurren estas cosas".

Pero cuando Babaji se dio cuenta de esos pensamientos, le dijo:

"Hijo, por favor, no te dañes así. Eres exactamente igual que los demás niños. Si mucha gente te conoce es por la Gracia del Señor. No pienses que eres especial. La gente da estos regalos por amor y porque es buena. Todavía no has hecho nada para ganarte nada. Sé dulce y humilde, pero no dejes que nadie te haga daño. Ten esa fuerza interior".

Por la tarde pasaron delante de un hospital militar y Bhole vio que en los escalones de la entrada y en el jardín había soldados heridos en batalla. Algunos habían perdido un brazo o una pierna y apenas podían moverse. Bhole sintió pena por ellos. Había disfrutado leyendo acerca de guerras y batallas en el Ramáyana, pero nunca habría imaginado cuán terrible podía ser una guerra para un soldado. Decidió que nunca tendría nada que ver con ese tipo de lucha.

Pensó: "Quiero practicar ahimsa. No quiero dañar a la gente ni a los animales y tampoco hacerles la vida desgraciada. De eso estoy seguro".

A la mañana siguiente, su viaje les llevó por una zona muy bella y rocosa. A veces era difícil encontrar el camino, porque el reciente temblor de tierra había provocado muchos deslizamientos de terreno. Estaban pasando por un sitio donde acababa de tener lugar uno de esos deslizamientos, cuando Bhole oyó un sonido como si fuera un redoble. Miró hacia arriba y se asustó al ver una enorme masa de tierra y piedras venir directa hacia ellos.

"¡Babaji! ¡Socorro!", gritó. "¡Vamos a morir!".

Pero Babaji no pareció inmutarse.

"¿Quién puede matar a lo eterno?", dijo con calma.

"¡Pero mira esa montaña! ¡Se nos viene encima!", gritó Bhole con pánico. "¡En un segundo nos enterrará!"

Babaji levantó el brazo y dijo bien fuerte: "¡Párate! ¡Vamos a pasar!"

Al instante, el deslizamiento se paró en el aire. Bhole, todavía temblando de miedo, siguió rápidamente a Babaji y a los swamis al otro lado de ese lugar tan peligroso. Después de que pasaran Babaji bajó el brazo y dijo: "Ahora puedes seguir", e inmediatamente tierra y rocas siguieron su caída.

Bhole miró fijamente a Babaji completamente asombrado.

"¿Cómo lo has hecho?", preguntó aturdido. "¿Cómo es posible que esa tierra haya escuchado tus palabras? ¿Acaso las rocas tienen oídos?".

Babaji sonrió y dijo:

"Es sólo cuestión de entrenar tu poder de voluntad mediante la disciplina del yoga. Los yoguis

lo llaman "iccha shakti". Con iccha shakti puedes controlar las fuerzas de la naturaleza si es necesario".

"Babaji, debes de ser un gran yogui", dijo Bhole, todavía asombrado.

Por primera vez en su vida entendió que Babaji tenía poderes milagrosos. Hasta ese día, no había notado nada especial en Babaji, porque le había conocido toda su vida. A veces hasta había pensado que sólo era un principiante que tenía que meditar muchísimo porque todavía no podía hacer milagros difíciles. Pero ahora su opinión había cambiado completamente. Levantó la vista hacia Babaji con gran reverencia y silenciosamente agradeció a la Madre Divina haberle dado a un hombre tan maravilloso como padre y profesor.

"Babaji ¿por qué no tuviste miedo cuando se nos venía encima ese deslizamiento?", preguntó Bhole más tarde.

"Cuando entiendas las leyes de la naturaleza verás que no hay nada que temer", contestó Babaji. "Una vez que sabes la Realidad no hay ningún motivo para tener miedo. Cuando practicas yoga no sólo llegas a conocerte a Ti Mismo, sino que aprendes cuál es tu sitio en el universo. Si practicas yoga, pierdes el miedo".

"Babaji, quiero perder el miedo igual que tú", dijo Bhole con determinación. "No quiero volver a tener miedo nunca más".

"¡Bien!", dijo Babaji. "De ti depende. Si practicas yoga seriamente y sigues mis instrucciones, podrás alcanzar esa meta".

Cuando Babaji dijo eso, Bhole se llenó de entusiasmo y se puso a cantar y a bailar de alegría.

"No tengo miedo, lalala, no tengo miedo, lalala. No tengo ningún miedo, lala. Nadie puede vencerme, nadie puede comerme, no tengo miedo".

Babaji sonrió y uno de los swamis dijo: "Me pregunto si ha entendido el mensaje correctamente".

"No tardaremos en averiguarlo", contestó Babaji.

Y entonces ocurrió. Bhole estaba cantando y danzando de forma tan desaforada que no daba ninguna atención a lo que hacía y se golpeó con toda sus fuerzas contra una gran rama que colgaba sobre el camino.

"¡Uuuuuuh!", gritó cuando se tocó la frente y vio que sangraba. Se puso a dar alaridos. "¡Babaji, estoy sangrando. De prisa, haz algo, estoy sangrando!".

"¡Calma, calma, hijo!", dijo Babaji, "es sólo el cuerpo lo que sangra. No hay razón para asustarse".

Uno de los swamis arrancó un trozo de la camisa de Bhole para limpiarle la sangre de la cara. El otro swami encontró unas hojas y las presionó sobre la herida hasta que dejó de sangrar.

"Ahora pareces un soldado que vuelve del campo de batalla", dijo el swami bromeando.

"¿Has aprendido algo de todo esto?", preguntó Babaji.

"Sí", dijo Bhole. "Eso de no tener miedo es una tontería, porque si no se tiene miedo uno puede hacerse daño".

"Confundes dos cosas, hijo", dijo Babaji. "Ausencia de temor y temeridad". Siempre debes tener cuidado de no hacerte daño. No hacerlo es temeridad. Cuando te domina la temeridad, te olvidas de dar atención y de ser prudente. Pero ser prudente y cuidarte no significa que tengas que tener miedo. ¿Entiendes ahora la diferencia?".

"Creo que sí", contestó Bhole. "La temeridad conduce al accidente. Tendré más cuidado sin tener miedo, porque debo protegerme".

"¡Bien, hijo! Así es", dijo Babaji. "Ahora vamos a comer y a descansar".

"Abuela, ¿es verdad que practicando yoga uno llega a perder el miedo?", preguntó Raúl.

"Si sólo practicas yoga seguirás teniendo miedo. Pero en el momento en que eres un verdadero maestro de yoga el miedo ya no sigue en ti. Una persona que ha alcanzado el nivel más alto de yoga es un ser liberado y las personas así son ejemplos para la humanidad".

"¿Has conocido alguna persona así, abuela?".

"Sí, Raúl, y estoy muy agradecida por ello. Espero que te pase lo mismo algún día".

Aprender las Escrituras y más

Tuvieron que andar varios días para llegar al pueblo de Bhole donde tuvo que despedirse de Babaji y de los swamis. Como siempre fue difícil decir adiós y una vez más rogó a Babaji que le llevara a la cueva.

"Todavía no, hijo, todavía no", contestó Babaji. "Tienes unas cuantas cosas más que aprender aquí. Estudia lo mejor que puedas en el colegio y no te olvides de meditar cada mañana y cada tarde. Si te concentras plenamente sentarte cinco minutos es suficiente. Si no estableces el hábito de meditar cada día, pierdes el tiempo. Si quieres realmente llegar a ser un yogui tienes que empezar a entrenarte ahora, porque practicar cuando todavía se es pequeño produce un efecto más profundo que las prácticas que se hacen de mayor".

"Pero, Baba, ¿cómo me puedo concentrar cinco minutos?" Cada vez que me siento a meditar me vienen a la mente montones de pensamientos y no sé cómo pararlos".

"No tienes que pararlos, Bhole. Tan sólo imagina que tus pensamientos son monos. Déjales jugar sus juegos mientras escuchas tu mantra. Si no das atención a esos monos se irán y entonces podrás meditar como un yogui. Y ahora me tengo que ir, hijo. Cuídate, utiliza tu poder de discernimiento y recuerda que estoy siempre contigo".

Y se fue, dejando a Bhole con su madre y familiares.

Para sobreponerse a su tristeza Bhole se fue inmediatamente a casa de Tío Perrito a recoger a Bhaiya. Esta vez su hermano perrito no había sufrido. Parecía haber entendido que Bhole volvería pronto. Sin embargo, estaba contento de verle y empezó a saltar y a ladrar alegremente. Bhole le preguntó a Tío Perrito si podía quedarse con Bhaiya cada tarde, mientras él se iba a clase de Sánscrito.

"Claro que sí", dijo Tío Perrito, "aquí Bhaiya siempre será bienvenido. Le quiero como a un hijo".

Así que cada día, después del colegio, Bhole iba al templo del pueblo de Arjun a estudiar Sánscrito y las Escrituras. No le gustaba mucho, pero era divertido estar con Arjun e intentó con sinceridad recordar tantos versos en Sánscrito como pudo. En el camino de vuelta a su casa, los cantaba en voz alta y la gente del pueblo se preguntaba si Bhole había decidido ser un Pandit.

El tío de Arjun era un poco gruñón porque tenía que dejar su siesta para enseñar a los chicos. Los miércoles no les podía enseñar porque tenía que asistir a una reunión en una ciudad cercana. Antes de irse les daba instrucciones y unas páginas que estudiar, pero los chicos sólo estudiaban un rato y luego corrían a otras cosas.

Les encantaba tener toda la tarde para visitar toda la zona, porque había muchos sitios interesantes cerca. Una vez, mientras paseaban por el borde del río, empezó a llover fuerte. Buscando donde refugiarse, descubrieron un hueco entre las raíces de un gran árbol. Era lo bastante grande para que ambos se sentaran y era cálido y cómodo. Decidieron convertir ese lugar en su escondite secreto y taparon la entrada con ramas y hojas cuando se fueron. Desde ese día iban a su "cueva" cada miércoles por la tarde.

Un día Bhole le dijo a Arjun que ya no creía en el fantasma del árbol y quiso demostrarle que allí no había ningún fantasma.

"Los fantasmas sólo existen en la mente de los miedicas" afirmó. "Yo no me trago esos cuentos".

Arjun no estaba de acuerdo con él y al principio se negó a acercarse al árbol. Pero cuando vio que Bhole no tenía nada de miedo, le acompañó. Los dos chicos se acercaron con cuidado al árbol fantasma. Bhole sabía que ese lugar estaba prohibido y que podía ser peligroso, pero quería practicar la ausencia de miedo según Babaji le había enseñado.

Pensó: "Si no tengo miedo y no soy temerario no me pasará nada".

Sin decir palabra se sentó debajo del árbol intentando disimular que no estaba muy a gusto.

Arjun estaba muy nervioso y miraba a Bhole, a ver qué hacía. Pensó: "Él no tiene miedo, así que yo tampoco quiero tenerlo".

Admiró mucho a Bhole por su valor y quería ser tan valiente como él. Sentados los dos allí oyeron un ruido que parecía un ronquido.

"Tal vez haya un oso detrás de esos matorrales", susurró Bhole.

"No", dijo Arjun alarmado. "Estoy seguro de que es el fantasma, vámonos".

"No", dijo Bhole. "Quiero saber de dónde viene ese sonido".

Se levantó y empezó a andar alrededor del árbol, como había hecho con Babaji unas semanas antes. Arjun le seguía con las rodillas temblorosas. Cuando se acercaron a los matorrales, cerca de la entrada de la cueva secreta, el ruido se volvió más fuerte.

"Mira", susurró Bhole, "hay alguien allí tumbado y ronca".

Estaban detrás de un árbol y no podían ver a la persona entera porque sólo asomaban sus piernas entre los matorrales. Había unas cuantas botellas alrededor, algunas vacías y otras medio llenas.

Arjun sonrió: "Ese hombre está muy borracho", dijo.

"Me pregunto quién es", susurró Bhole. "Debe de ser rico. Mira sus botas. Son de cuero. Nunca he visto unas botas tan bonitas".

"Esto no me gusta nada. Vámonos", dijo Arjun.

"De acuerdo, ya hemos visto bastante", convino Bhole.

El hombre seguía roncando cuando Arjun cogió rápidamente una de las botellas. "Esto es nuestra recompensa", dijo con una sonrisa mientras se la escondía debajo de la camisa.

Ambos corrieron a su cueva cerca del río.

Arjun se sorprendió mucho cuando Bhole le contó lo de la cueva secreta detrás de los matorrales.

"Esos criminales son muy listos", dijo. "Todo el pueblo cree que hay un fantasma en ese árbol. Hasta mi tío lo afirma y nunca va por ese camino. Así nadie descubrirá nunca lo que hacen ellos allí".

Los chicos escondieron la botella en un agujero entre las raíces del árbol y con mucho cuidado la cubrieron con arena y hojas.

"Esta botella es la prueba de que sabemos lo de la cueva secreta", dijo Arjun con orgullo. "Bhole, tú y yo somos los únicos que podemos salvar a mi pueblo de esos criminales. Si ayudamos al "pradhan" (alcalde) a atraparlos, nos haremos famosos".

"Sí", dijo Bhole, lleno de entusiasmo. "La semana que viene podemos ir a verle y contárselo todo. Seguro que agradecerá recibir información sobre esos malandrines".

El descubrimiento

Bhole y Arjun no hablaron de otra cosa en toda la semana que de lo famosos que se iban a hacer al salvar al pueblo de esos malhechores. Hablaban en Sánscrito, de modo que nadie podía descubrir sus planes. Finalmente llegó el miércoles y en cuanto el tío de Arjun se fue, acortaron camino campo a través hasta llegar a la oficina del pradham.

Había bastante gente esperando para verle y los chicos se quedaron mucho tiempo en el porche antes de que les tocara entrar. Cuando por fin salió la última persona entraron con un poco de aprensión.

El pradham estaba sentado detrás de una mesa cubierta de libros y de papeles. Cuando vio a los chicos les señaló un banco y les dijo que se sentaran. Estaba hojeando un libro grueso. Esto les dio tiempo para mirar alrededor. No había mucho mobiliario excepto unas pocas cajas de hierro y estanterías. Todo estaba sucio y polvoriento y un olor agrio y desagradable se extendía por toda la habitación. De repente, mientras examinaba la mesa del pradham, algo atrajo la mirada de Bhole que le cortó la respiración. En ese momento el pradham cerró el libro y preguntó: "¿Qué os trae por aquí?".

Arjun abrió la boca para decir algo, pero antes de que pudiera articular una sola palabra Bhole le dio un fuerte codazo en el costado. "¡Eh!" pero ¿tú estás loco?", dijo Arjun con ira volviéndose hacia Bhole.

"Deja que hable yo y estate calladito", le susurró Bhole.

"¡Venga! ¿Por qué estáis aquí?", preguntó el pradham con impaciencia.

Bhole no sabía qué decir. Su mente funcionaba febrilmente buscando una razón plausible. Abrió la boca y empezó a hablar con vacilación.

"Eh.... Buenas tardes, señor... eeeeh ... queremos preguntarle .... eeeh... ¿Dónde ha comprado esas botas que lleva puestas? Nunca he visto unas botas tan bonitas, ¿sabe usted?".

Arjun, asombrado por la extraña conducta de Bhole, miró a los pies del pradham bajo la mesa y palideció.

"¿Y para eso habéis venido a mi oficina?", gritó el pradham lleno de ira. "¿Tan sólo para decirme que os gustan mis botas? ¿Qué tontería es esta? No es asunto vuestro dónde compré estas botas. ¡Sinvergüenzas! No sé cómo os atrevéis. ¡Salid inmediatamente!".

Arjun y Bhole, como un solo hombre, se levantaron y salieron de la habitación escopetados. Saltaron del porche y no pararon de correr hasta estar seguros de que la casa del pradham estaba lejos. Luego se sentaron en una roca y se miraron.

"Nos hemos salvado por los pelos", dijo Bhole, tratando de recobrar el aliento.

"No me puedo creer que el hombre tumbado en el suelo fuera el pradham", dijo Arjun. "¿Cómo puede el cabeza de un pueblo ser un criminal? Es la persona más respetada entre nosotros. ¿Estás seguro de que eran las mismas botas?".

"Totalmente", dijo Bhole. "Vi el mismo punto de rozadura en la bota izquierda y me acuerdo muy bien de su diseño".

"Tal vez no sabía lo de los ladrones y sólo encontró allí las botellas", dijo Arjun. "Si no es eso, realmente no entiendo lo que pasa en el pueblo".

A Bhole también le extrañaba mucho lo que habían descubierto. De camino a su casa trató de entender la situación, pero no le encontró ninguna lógica.

"¿Será que el pradhan es un ladrón o incluso el jefe de los ladrones?", pensó. "Tal vez Tío Dhruv pueda ayudarme a entenderlo".

Aquella tarde Bhole le preguntó con cautela si había ocurrido alguna vez que un funcionario o el alcalde de un pueblo se hubiera metido en actividades ilegales. Tío Dhruv le miró con asombro.

"Pero ¿qué clase de pregunta es esa?", gruñó. "¿Es eso lo que has leído en las Escrituras? No pierdas el tiempo con pensamientos así de estúpidos y concéntrate en tus estudios, chico".

Esa respuesta no le ayudó en nada.

Cuando Arjun y Bhole se encontraron a la mañana siguiente, Arjun le contó que cuando le había preguntado a su tío si gente de alto rango podía meterse en cosas delictivas su tío le había dicho que tales personas a menudo eran las peores. Esa respuesta creó aún más confusión en la mente de ambos chicos y no sabían realmente qué conclusión sacar de la situación. Bhole pensó que si Babaji estuviera allí, les ayudaría. Pero, por desgracia, Babaji estaba lejos, en la cueva.

Experimentos

Unas pocas semanas después, cuando estaban sentados en su escondrijo secreto, dijo Arjun:

"Hermano, hoy tengo una sorpresa para ti".

"¿Qué es?", preguntó Bhole. "Enséñame lo que has traído".

Arjun sacó de su bolsillo un paquetito y dijo: "aquí está. Míralo".

Bhole lo desenvolvió y se decepcionó. "Sólo son unas hojas secas. ¿Qué podemos hacer con esto?"

"¿No sabes lo que es?", preguntó Arjun. "Es tabaco y lo vamos a fumar. También he traído cerillas. Te voy a enseñar lo que hay que hacer".

Hizo polvo una hoja y la envolvió en otra hoja para hacer un tosco cigarrillo.

"¿Dónde has aprendido eso?", preguntó Bhole obviamente impresionado.

"Me lo han enseñado los mayores en la escuela de Sánscrito", contestó Arjun. "Solían fumar muchísimo".

"¿Tú también has fumado?", preguntó Bhole.

"¡Pues claro!", dijo Arjun. "No es nada malo".

Y así, aquella tarde, Bhole fumó su primer cigarrillo. En realidad no le gustó, pero la idea de pertenecer al círculo de los mayores le ayudó a superar la nausea y el mal sabor de boca que tenía. También era emocionante hacer algo que no aprobarían los adultos.

Cuando Bhole se fue a su casa aquella tarde estaba muy orgulloso. Se sentía más como un hombre joven que como un niño. Pero la nausea y el mareo persistieron cierto tiempo.

Arjun trajo más tabaco la semana siguiente, y esta vez Bhole disfrutó fumando un poco más que la primera vez. Pero después sintió mucha sed, así que le sugirió a Arjun que se tomasen un trago de la botella que habían escondido en el árbol.

"¿Por qué no? Un poco no puede hacer ningún daño", dijo Arjun.

Con mucho cuidado abrieron la botella y olfatearon su contenido.

"¿Crees que es algo fuerte?", preguntó Bhole.

"No sé. Déjame probarlo", dijo Arjun tomándose un buen trago.

"¡Oh, oh!" gritó, llevándose las manos a la garganta. "Es como comerse un puñado de chile rojo. ¡Me está quemando la garganta y el estómago!"

"Pues a mí me gusta el chile rojo, o sea que no puede ser tan malo", dijo Bhole tomándose un traguito.

"Si que está fuerte", dijo con una sonrisa, "pero no sabe mal. Me gusta la sensación de calor que me da en el estómago".

"Sigo teniendo sed", dijo Arjun. "Voy a probar esto otra vez. Tal vez si tomo sólo un traguito como has hecho tú, no me queme el estómago".

Así es como Bhole y Arjun se lo pasaron pipa aquella tarde, sin notar que se habían emborrachado un poco. Bhole empezó a sentir los efectos del alcohol de camino a su casa. Tenía el estómago revuelto y las piernas muy pesadas. De repente parecía que en el camino había piedras muy grandes y otros obstáculos y tropezó unas cuantas veces. Las carreras de Bhaiya alrededor suyo le hacían sentirse aún más mareado, así que le ordenó que anduviera detrás de él.

Cuando llegó a su casa tenía muchísima sed y se fue derechito a la cocina a beber agua. Con una sola mirada Su madre se dio cuenta de que le pasaba algo.

"¿Estás bien, Bhole?", le preguntó. "¿Qué te ha pasado?"

"Nada, madre", dijo Bhole intentando parecer inocente.

Justo en ese momento se le escapó un fuerte eructo de la garganta y su madre recibió una bocanada de olor a alcohol.

"¡Oh, no!", exclamó. "¿Qué has estado haciendo, sinvergüenza?"

"No te preocupes, madre. Sólo ha sido un experimento, nada más", dijo Bhole.

Intentó salir de la cocina a toda velocidad y casi se dio contra tía Seema, que también notó en seguida el desagradable olor que despedía.

Bhole fue a su habitación y se tumbó en la cama deseando que el experimento terminara. Tenía el estómago terriblemente revuelto y tuvo que salir dos veces a vomitar. Eso le trajo un poco de alivio y después de un corto descanso pudo volver a la cocina a prepararle la cena a Bhaiya. Cuando entró, tía Seema le dijo que su tío Dhruv quería hablar con él.

Bhole pensó: "¡Bien! Me siento mucho mejor ahora y ya no estoy mareado. Seguro que no me nota nada raro".

Sin embargo, para estar más seguro se lavó la cara, se enjuagó la boca y se peinó con cuidado antes de subir. Suavemente llamó a la puerta de tío Dhruv. Éste estaba sentado en la cama como era su costumbre.

"Buenas tardes, tío", dijo Bhole cortésmente, tocándole los pies a su tío. Tío Dhruv le miró con ojos como taladradoras y no le invitó a sentarse como solía.

Así que Bhole se quedó torpemente de pie, sin saber qué hacer. Le pareció que su tío tenía una cara muy curiosa. Los ojos eran demasiado pequeños para su gran cabeza redonda y también parecían estar en el sitio equivocado. Bhole se echó a reír. Se preguntó cómo era posible tener una cara tan tonta. Cuanto más miraba a tío Dhruv más grotesca le parecía su cara y no podía parar de reírse.

Tío Dhruv, mientras tanto, empezaba a ver rojo. "¿De qué te ríes, sinvergüenza?", rugió. "Tráeme mi bastón".

"¿Su bastón? ¿Para qué quiere salir?" Se preguntó Bhole.

Pero cuando le dio su bastón, entendió cuál era la intención de su tío.

"¡Inclínate!", ordenó su tío. "¡Inclínate más y tócate los pies!"

Bhole puso las palmas en el suelo. Esto no le costaba nada porque era su postura de yoga favorita, pero ahora no era agradable, porque le hizo sentirse mareado y se le revolvió de nuevo el estómago.

"Esta vez te daré sólo cinco bastonazos, pero si reincides te daré diez", dijo tío Dhruv en tono de pocos amigos.

Levantó su bastón muy por encima de su hombro, aspiró profundamente y descargó el bastón con toda su fuerza sobre el trasero de Bhole.

Bhole sintió un dolor muy agudo.

"¡Oh!", gritó irguiéndose.

"¡Dóblate, imbécil, dóblate!", gritó tío Dhruv.

El segundo bastonazo fue aún más doloroso que el primero y Bhole dio un gran grito.

Abajo, su madre tenía lágrimas en los ojos.

"Dhruv no debería hacer eso", le dijo a su hermana. "No debería hacerle tanto daño. Aún es sólo un niño".

Cuando terminó Bhole se preguntaba cómo había podido aguantar los demás bastonazos. Su cabeza era un torbellino. Todo lo que sabía es que apenas podía salir de la habitación. Su trasero estaba en llamas. Era una agonía y no paraba de gritar de dolor mientras apretaba las nalgas con las manos. Se fue a su cuarto e intentó tumbarse en la cama, pero le dolía tanto que no podía encontrar ninguna postura cómoda. Al rato encontró un poco de alivio poniéndose un trapo mojado.

Babaji se le apareció en sueños aquella noche.

"Has fallado hijito", dijo. "No has utilizado tu poder de discernimiento como te enseñé, pero no te preocupes, habrá más oportunidades de aprender la diferencia entre lo correcto y lo incorrecto. Sigue intentándolo y la próxima vez no olvides pensar antes de actuar".

Bhole se despertó con lágrimas en los ojos.

Pensó "Aún me quiere, aunque cometa estupideces".

Todavía le dolía el trasero. Ponerse los pantalones fue muy difícil. Además tenía un fuerte dolor de cabeza. Andar hasta el colegio fue todo un reto. Tuvo que intentar varias formas distintas de poner los pies y de impedir el roce del pantalón. Finalmente descubrió que andar de puntillas y apretar las nalgas era lo menos doloroso. No le importaba parecer raro, si eso aliviaba el dolor.

Se paró a esperar a Arjun en el cruce cerca del colegio. Después de unos minutos pudo verle de lejos, pero se movía de forma extraña, con ambas manos a la espalda y balanceándose como un elefante.

Cuando se juntaron, viendo la postura del otro, cada uno se echó a reír. Era obvio que Arjun también había recibido lo suyo.

"Vomité en el templo", confesó Arjun, "y justo cuando intentaba limpiarlo, apareció mi tío y se puso hecho una furia. Creyó que había estado bebiendo de una botella que tiene escondida en algún sitio. Esa botella es igual que la que tenemos. Mi tío dijo que era whisky y que lo toma como medicina cuando tiene catarro. Naturalmente no le dije que tenemos nuestra propia botella de "medicina". Luego me castigó con su bastón".

"¿Cuántos te dio?", preguntó Bhole.

"Tres", dijo Arjun, "pero muy fuertes".

"Yo tuve cinco y fueron terribles", suspiró Bhole. "Y mi tío dijo que si esto volvía a ocurrir, me daría diez. ¡Estoy seguro de que no podría sobrevivir a eso!"

Ni Bhole ni Arjun pudieron sentarse en la clase como siempre. Tuvieron que estar de rodillas. Explicaron a sus compañeros que esa postura era mucho más sana.

Aquella mañana, el profesor reservaba una sorpresa. Les dijo que si los meses siguientes trabajaban mucho, podían presentarse al examen final en la primavera. Bhole se olvidó de su dolor cuando lo oyó, porque significaba que dentro de unos meses terminaría el cole y podría volver a la cueva con Babaji.

Bhaiya es padre

Una tarde, cuando Bhole abrió la verja para dejar a Bhaiya, Tío Perrito le llamó.

"Bhole, ven deprisa. Bhaiya acaba de ser padre".

"¿Qué?", dijo Bhole sorprendido. "¿Qué ocurre?"

"Ata a Bhaiya a un árbol y mira en el chamizo".

Cuando Bhole entró vio una madre perrita lamiendo un cachorro recién nacido que daba fuertes grititos.

"Este es el segundo", dijo Tío Perrito. "El primero ya está mamando".

Cuando la madre dejó de darle lametones y apoyó la cabeza en el suelo para descansar, el cachorrito empezó a moverse y a buscar entre el pelaje de su vientre. Los grititos cesaron lo cual significaba que había encontrado lo que buscaba. Mientras, ella daba a luz a su tercer cachorro.

"¡Pero ¿Qué es eso?!" murmuró Bhole. "¡No puede ser un perro!"

"Claro que sí", dijo Tío Perrito. "Todavía está en la membrana".

La madre, con mucho cuidado, rasgó la membrana con los dientes. Después de sacudir al recién nacido de acá para allá empezó a lamerle. Él, de inmediato, dio grititos y se movió.

"¡Bien hecho!, chica", dijo Tío Perrito a la madre. "Este es el número tres".

"Todo está un poco sucio, ¿no?", dijo Bhole asombrado. "No sabía que los perros nacían así".

"Ella lo limpiará todo", dijo Tío Perrito. "Sabe por instinto lo que hay que hacer".

"Es asombroso", dijo Bhole. "Si yo tuviera un bebé, no sabría qué hacer".

"No te preocupes, Bhole", rió Tío Perrito. "Es mucho más fácil ser un padre que ser una madre".

Fuera, Bhaiya esperaba impaciente.

"¡Enhorabuena, Bhaiya! Eres padre de tres". Dijo Bhole.

Bhaiya movió el rabo pero no pareció muy impresionado.

"Déjalo aquí", dijo Tío Perrito. "Si la madre está de acuerdo él podrá ver a sus hijos dentro de unos días".

Cuando volvió a casa de Tío Perrito a recoger a Bhaiya después de la clase de Sánscrito, Bhole se enteró que habían nacido dos cachorritos más, pero que el último, demasiado pequeño y débil, había muerto al poco tiempo.

"Cuatro es suficiente", dijo Tío Perrito. Todos son muy hermosos y serán fuertes y sanos como su padre".

La casa nueva

Bhole quería estudiar mucho, pero Arjun no era muy entusiasta y no le gustaban demasiado las matemáticas. Siempre decía que no tenía cabeza para los números y que no veía la razón de hacer un esfuerzo para aprender matemáticas.

"Eso es algo para los comerciantes que tienen que vender cosas en el mercado. Si naces en una familia de pandits sólo tienes que conocer las Escrituras", decía Arjun.

Pero Bhole no estaba de acuerdo. Le encantaban las matemáticas y se le daban muy bien. Sabía que eran muy importantes si quería ser médico.

"Te ayudaré con las matemáticas", dijo Bhole, "y luego verás que no son nada difíciles".

Una tarde, cuando Bhole llegó al templo, Arjun no estaba.

"Se ha ido a entregar un mensaje cerca de aquí. Estará de vuelta enseguida", dijo el tío de Arjun.

"¿Puedo ir a su encuentro?" preguntó Bhole.

"Si quieres encontrarle gira a la derecha en la carretera principal".

Bhole se alegró de dar un paseo en vez de tener que estudiar y esperaba que Arjun estuviera todavía lejos. Pero le vio nada más dar la vuelta a la esquina. En cuanto Arjun vio a Bhole echó a correr hacia él y cuando se encontraron le dijo: "Ven deprisa, he encontrado algo".

"¿Qué es?".

"Algo que te va a gustar mucho", dijo Arjun.

Un momento después, Arjun le señaló una casa grande que parecía recién construida.

"¿Eso es todo?" preguntó Bhole decepcionado. "¿Sólo quieres enseñarme una casa nueva?".

"No", dijo Arjun. "Hay algo cerca de la casa. Mira a la izquierda".

Entonces Bhole vio lo que quería decir Arjun. En el prado junto a la casa, había un precioso caballo pastando tranquilamente.

"¡Eso es un caballo inglés!", exclamó Bhole asombrado. "Es casi tan bonito como el de Maude en Pequeña Inglaterra".

"Es mucho más grande que los caballos que hay por aquí", dijo Arjun.

"¿Quién vive en esa casa?", preguntó Bhole.

"No sé, pero se lo podemos preguntar a mi tío que conoce a todo el mundo en este pueblo".

"Sería estupendo hacer amistad con ellos, sean quienes sean, y así nos dejarían montar ese hermoso caballo", dijo Bhole.

"Yo no quiero subirme a un caballo tan alto", dijo Arjun. "Es demasiado grande para mí. Prefiero un burro o una mula".

Aquella tarde Bhole no podía concentrarse en los versos Sánskritos. Cometió muchas faltas y pareció haber olvidado todo lo que había aprendido. No paraba de pensar en el caballo inglés y se imaginaba que pertenecía a una chica como Maude, que le permitiría montarlo. El tío de Arjun notó que la mente de Bhole estaba en otra parte.

"¿Qué te pasa, Bhole?", preguntó.

"Es un caballo, tío", explicó Arjun. "A Bhole le chiflan los caballos y esta tarde ha visto uno muy hermoso al lado de la casa nueva en la carretera".

"Debe de ser un caballo inglés", dijo el pandit. "La casa pertenece a un oficial del ejército, jubilado después de servir a Inglaterra durante veinte años. Hace poco volvió a la India y construyó esa casa totalmente al estilo inglés. He oído decir que es muy hermosa. Dicen que su mujer ha muerto hace poco y que va a vivir en esa casa con su hija".

Al oír esto, Bhole se entusiasmó muchísimo. Si la hija fuera tan simpática como Maude podrían ser amigos y entonces seguramente le dejaría montar ese caballo.

El caballo Inglés

Durante toda la tarde Bhole tuvo la mente totalmente ocupada por el caballo inglés y su meditación fue muy difícil.

Pensó: "Babaji tenía razón, en vez de concentrarme en mi mantra estoy todo el tiempo pensando "caballo, caballo, caballo". Tengo que dejar de hacer esto, pero ¿cómo?"

Por mucho que intentaba no pensar en el caballo, su mente no paraba de volver al tema. Sabía que era todo fantasía, ensoñación y no meditación. Decidió que era demasiado difícil llegar a ser un yogui y que sería mejor hacerse sólo jinete. En sus oraciones nocturnas, le pidió a la Madre Divina que le otorgase por lo menos una vez cabalgar en este hermoso caballo.

Incluso en el colegio al día siguiente, aunque hizo lo que pudo, le siguieron distrayendo fantasías sobre la hija del oficial y su caballo. En el camino de vuelta a su casa ese día, después de la clase se Sánskrito, se desvió para echarle otro vistazo al caballo. Pero esta vez no pudo verlo, porque estaba en el establo. Bhole también había esperado ver a la chica, pero parecía que no había nadie en casa. Decidió que tenía que hacer un plan. El próximo miércoles llamaría a la puerta de la gran casa y ofrecería sus servicios como cuidador del caballo. Su experiencia en cuidar caballos y cabalgar impresionarían al dueño.

Pensó: "Estoy seguro de que nadie en toda esta zona ha trabajado nunca con caballos ingleses. Soy el único que sabe cómo hacer bien este trabajo".

Pero Arjun no se entusiasmó cuando Bhole compartió con él su plan.

"Tienes que estar toda la mañana en el cole y por la tarde tenemos clase de Sánskrito. ¿Cuándo vas a tener tiempo para cuidar a ese caballo?"

"Hay mucho tiempo después de la clase de Sánskrito y puedo fácilmente hacer novillos si es necesario", contestó Bhole, muy seguro de sí.

Esa semana se cortó el pelo y el miércoles se puso su mejor ropa. Su madre pensó que todo eso sería para una ceremonia en el templo. Naturalmente, Bhole no le contó que iba a solicitar un empleo.

De acuerdo con lo planeado se fue a la casa nueva con Arjun, que seguía teniendo sus dudas. Ambos estaban bastante nerviosos. Cuando llegaron a la casa Arjun sugirió que lo dejarán para otro día, pero Bhole insistió.

"No nos puede pasar nada malo, es ahora o nunca".

Su corazón latió un poco más fuerte cuando llamó a la puerta. Esperaron mucho rato a que hubiese una respuesta, pero no ocurrió nada. Bhole volvió a llamar, esta vez un poco más fuerte. Finalmente la puerta se abrió y un hindú muy alto les dijo en inglés: "Sí, ¿qué queréis?"

Bhole no se esperaba que le hablaran en inglés e intentó recordar alguna palabra.

"Eh..... Buenos días, señor..... Eh.... buenas noches......Eh...."

"Tardes" dijo el hombre con una sonrisa. "Ahora estamos por la tarde".

"Buenas tardes", dijo Bhole, sonrojado hasta la raíz del pelo.

"¿Por qué razón habéis venido?", preguntó el hombre.

Bhole respiró hondo, como Babaji le había enseñado y se enderezó.

"Soy muy bueno cuidando caballos ingleses, señor". Dijo en hindi, "y también tengo experiencia montando".

"Pero eres muy joven, me estás tomado el pelo", dijo el hombre.

"No, señor", dijo Arjun. "Ha estado en Pequeña Inglaterra donde lo ha aprendido todo acerca de los caballos".

"Y ¿dónde diablos está Pequeña Inglaterra?", preguntó el hombre.

"Esta cerca de Rishikesh, señor, y también hay un hospital Inglés", contestó Bhole.

"Interesante", dijo el hombre, "pero desgraciadamente el puesto ya está ocupado. Acabo de contratar a un chico para que cuide del caballo. Si no estoy satisfecho con él, te contrataré a ti si me dices dónde puedo encontrarte".

"Puede usted dejar un mensaje al pandit del templo de Shiva, señor, es mi tío", dijo Arjun.

En ese momento una chica llamó desde el interior de la casa.

"Papa, papa ¿Dónde estás?"

Un segundo después, apareció en el recibidor la hija de ese hombre.

"Papa, por favor, ayúdame con esta cortina", le dijo en inglés.

Cuando vio a los dos chicos en la puerta, preguntó: "¿Qué quieren éstos?"

"Han venido para el puesto de cuidador del caballo", dijo el padre.

"¡Mala suerte entonces. Adiós!", dijo ella riéndose y tirando de su padre para poder cerrar la puerta.

Bhole sintió frustración viendo que su plan no había funcionado, pero al menos estaba contento de haber visto al padre y a la hija.

Pensó: "Todavía existe la posibilidad de que el chico que han contratado no haga bien su trabajo". Eso era ser optimista.

"¿Has visto a esa chica?" preguntó Arjun de camino hacia el pueblo.

"Claro que la vi, ¿y qué?"

"¡Esa ropa!", dijo Arjun. "¿Es eso lo que lleva la gente en Inglaterra?"

"Creo que sí", contestó Bhole.

"Pues, no debería vestirse así en India", dijo Arjun. "Es indecente. Tenía la falda tan corta que casi se le veían los tobillos y no tenía ni chal para cubrirse la cabeza y los hombros. A la gente de por aquí le parecerá horrible. Alguien debería decírselo".

"Pues díselo tú", se rió Bhole. "A lo mejor agradece que el sobrino del sacerdote del pueblo le de lecciones de cultura India".

"yo no me mezclo con chicas", dijo Arjun con altivez. "Y desde luego, no con esos especímenes extranjeros. ¿Has visto con qué falta de respeto tiraba de su padre? Una chica criada en la India nunca haría una cosa así. Y además, siendo nosotros desconocidos para ella, en vez de mirar al suelo nos miró a la cara. De verdad que yo no sabía qué hacer. Ha sido una situación muy violenta".

Bhole se acordó de lo que le había dicho el swami cuando estaba en Pequeña Inglaterra y dijo: "Sabes Arjun, hay mucha gente en el mundo y cada uno es diferente, pero todos somos hijos del mismo Dios. La ropa y los modales no son importantes. Dios ama también a esa chica".

Un misterio

Durante las semanas siguientes Bhole y Arjun se dedicaron de lleno a sus estudios. A Arjun empezaban a gustarle más las matemáticas desde que Bhole le estaba ayudando a entenderlas mejor. El maestro dijo que ambos tenían muchas probabilidades de aprobar el examen. Pero Bhole seguía soñando con el caballo inglés y casi todos los días pasaba por delante de la casa nueva. Una vez vio al caballo con su cuidador, un chico alto y bien parecido, unos años mayor que Bhole.

Bhole pensó: "No parece alguien del lugar. Quizá sea de una ciudad cercana".

El miércoles siguiente, cuando Bhole y Arjun salían del templo, Arjun sugirió que se fueran a su escondite ya que hacía tiempo que no iban.

"No", dijo Bhole. "Yo prefiero pasar por la casa nueva e intentar hablar con el chico que cuida al caballo".

A Arjun no le gustaba esa idea. "¿Por qué no te olvidas de ese caballo de una buena vez?", refunfuñó. "Esa gente no te va a dejar nunca montarlo".

"No estés tan seguro", dijo Bhole. "Mi madre siempre dice que si realmente quieres algo con todas tus fuerzas, lo obtienes. No me rindo tan fácilmente. A lo mejor nos da tiempo de hacer las dos cosas. Primero vamos a la casa nueva y desde allí podemos coger un sendero hasta el río y andar corriente arriba hasta nuestra cueva".

"¡Vale!", dijo Arjun. "Así los dos cumpliremos nuestros deseos".

En la casa nueva no había nada que ver. El caballo no estaba fuera, y parecía que no había nadie en la casa. Bhole se sintió frustrado, pero Arjun estaba contento porque así se podían ir derechitos a su escondite. Justo detrás de la casa se encontraba un sendero que bajaba serpenteando al río. Los chicos no habían tomado nunca ese camino y disfrutaron mucho de las vistas. Al poco rato el sendero atravesaba una zona boscosa que a Bhole le recordó la jungla y el tigre devorador de seres humanos. Se acordó de que había estado allí con Babaji y los swamis y estaba a punto de contarle a Arjun la historia de los cuatro lobos con los siete ojos cuando este se paró y dijo: "Oigo algo. Escucha, ¿lo oyes tú también?"

Bhole agudizó el oído. "¿Qué es?", preguntó.

"No lo sé. Suena como el ronquido de un ciervo".

"¿De verdad?", dijo Bhole. "No he oído nada".

Siguieron su camino, pero un poco más tarde Arjun volvió a pararse.

"¿Lo has oído esta vez?", preguntó.

"Sí", dijo Bhole. "Tiene que haber un animal cerca. Vamos a echar un vistazo".

Dejaron el sendero, intentando no hacer ruido. De repente Bhole se paró.

"Veo algo", murmuró. "Está allí, detrás de esos setos".

"No es un ciervo", dijo Arjun. "Es mucho más grande. Creo que deberíamos volver al sendero".

"No", dijo Bhole. "Voy a descubrir qué clase de animal es".

Con mucho cuidado, se acercó al lugar donde había visto el movimiento.

"¡Eh, mira!", exclamó Bhole con sorpresa. "¡Es la cola de un caballo! ¡Arjun, deprisa, ven! ¡Es el caballo inglés! Me pregunto por qué estará aquí".

"A lo mejor se escapó de la casa", sugirió Arjun.

"No, mira. Está ensillado y atado a un árbol", dijo Bhole. "El jinete no puede estar lejos. Esperémosle aquí, estoy seguro de que pronto volverá".

Bhole se acercó al caballo. Estaba encantado de por fin poder tocar el objeto de sus sueños. Al caballo también pareció gustarle Bhole y se comió con avidez la hierba que le ofrecía. Arjun miraba a cierta distancia. No se sentía a gusto con un animal tan grande y admiraba a Bhole por no sentir miedo.

"Vamos a buscar por el bosque a ver si encontramos al dueño. A lo mejor se ha caído del caballo y está en el suelo en alguna parte", sugirió Arjun.

"No", dijo Bhole, "porque él mismo debió atarlo al árbol. Pero lo que no entiendo es por qué ha dejado su caballo. Es un verdadero misterio".

Los chicos buscaron alrededor, pero no había rastro del dueño.

"Iré un poco más abajo a ver si está allí", dijo Arjun.

"Yo me quedaré con el caballo", dijo Bhole, feliz de estar en compañía de su animal favorito.

Arjun miró por todas partes alrededor, pero no encontró a nadie en el bosque. Un rato después volvió al sitio donde habían encontrado al caballo, esperando que el dueño hubiera aparecido. Pero para su asombro, no solo no estaba el dueño, ¡sino que Bhole y el caballo también habían desaparecido! Buscó alrededor y creyó ver un movimiento en un claro del bosque, no muy lejos. Empezó a andar en esa dirección y al acercarse pudo ver al caballo dando vueltas, con Bhole en el lomo. Arjun no creía lo que veían sus ojos.

No podía entender cómo Bhole se las había arreglado para montarse en un caballo tan alto y ¡además podía controlarlo!

Gritó desde lejos: "¡Eh, Bhole! ¿Estás loco? No puedes coger ese caballo que es de alguien".

"Tan sólo intento que sea feliz", dijo Bhole radiante de felicidad. "Este caballo no estaba contento de esperar y yo tampoco. Si encuentras al dueño, por favor dile que su caballo está en buenas manos".

Una experiencia impactante

Arjun decidió explorar la zona un poco más allá. Encontró otro sendero que iba hacia el río y pensó que tal vez el dueño se había ido a pescar y no podía llevar al caballo por una pendiente tan fuerte. Eso explicaría el misterio. Bajó por el camino con mucho cuidado hasta llegar a un sitio desde donde podía ver la zona. En un meandro del río pudo ver una playita de arena blanca. Era un lugar muy tranquilo y hermoso y parecía ideal para nadar en verano. Luego oyó voces y vio que había dos personas al borde del

río. Al mirar mejor se asombró al ver que hacían cosas que no había visto a nadie hacer antes. En la India se considera indecente que un hombre y una mujer, o un chico y una chica, se hagan carantoñas en público. Ni siquiera gente casada haría una cosa así. Pero allí había una chica con la falda demasiado corta andando al lado de un chico alto, cogidos de la mano.

Se pararon y la chica puso los brazos alrededor del cuello del chico y le besó largo tiempo. Arjun estaba tan impactado que decidió que no debía seguir mirándolos. Su corazón latía muy fuerte, su cuerpo se puso tenso y empezó a sudar. Pensó: "¿Qué me está pasando? ¿Por qué estoy así de agitado? No debería haber mirado, está mal. Tengo que olvidarme de ello, rápido".

Se enderezó y anduvo con determinación hacia el claro el bosque donde Bhole seguía a caballo.

"Bájate de ese caballo ahora mismo", ordenó Arjun en un tono que no admitía réplica. "Nos vamos a nuestra cueva".

"Bueno", dijo Bhole a regañadientes. "Le voy a volver a atar al árbol".

Bhole se preguntó si Arjun estaba enfadado porque había estado demasiado tiempo montando. Ató al caballo al árbol y ofreció a su nuevo amigo un puñado de hierba. Justo cuando iba a despedirse, oyó la voz de alguien que de lejos decía:

"¡Eh, tú! ¡Aléjate del caballo!"

Un joven alto, que reconoció como el cuidador, estaba subiendo por el sendero, seguido por la hija del dueño del caballo.

"Namaste", dijo Bhole. "El caballo estaba aquí solo, así que pensé que le vendría bien si le hacía compañía".

"Mi caballo no necesita tu compañía", dijo la chica muy antipática.

"Pues claro que sí", objetó Bhole. "No es prudente dejar un caballo solo en la selva. Atado a un árbol es una presa fácil para un leopardo o un tigre".

"¿De veras?", preguntó la chica asombrada y volviéndose hacia el chico alto le dijo: "¿Por qué no me has dicho que hay animales salvajes en la selva?"

"Este niño está exagerando", dijo el chico con desdén. "¡Venga! Nos vamos a casa."

La chica empezó a subirse al caballo, pero el cuidador tuvo que subirla porque ella no podía alcanzar el estribo sin enseñar las piernas. Bhole se rió cuando vio que se subía con torpeza, y cuando el caballo empezó a andar notó que ni siquiera sabía sentarse bien.

"Endereza la espalda", gritó. "Te sientas como un saco de patatas".

La chica se volvió, sacó la lengua a Bhole y le gritó con ira mientras se iban: "Ocúpate de tus asuntos".

Bhole buscó a Arjun y le encontró en el camino que bajaba hacia el río.

"¿Has visto como montaba a caballo esa chica?", dijo Bhole riéndose.

Pero Arjun no contestó.

"¿Qué pasa?", preguntó Bhole. "¿Estás enfadado porque he montado a caballo?"

De nuevo, no hubo respuesta.

Arjun sólo andaba en silencio, como si Bhole no existiera. El paraje era muy hermoso y ya que Arjun se negaba a hablar Bhole se concentró en el entorno. Cuando llegaron al río tuvieron que vadear por el agua fría hasta encontrar el sendero que les llevaría a la zona donde estaba su escondite.

Bhole estaba muy asombrado con la actitud de Arjun. Se preguntó si había hecho o dicho algo que le hiciera enfadarse. Cuando llegaron a la cueva Arjun se quitó rápidamente la ropa y se fue al río.

"¡Eh! ¿Qué te pasa?", dijo Bhole. "Todavía no es verano. El agua está demasiado fría para meterse dentro." Pero Arjun no contestó. Cogió un puñado de arena y arcilla y empezó a frotarse el cuerpo, luego se enjuagó, metiéndose en el agua helada varias veces.

Bhole se sentó en una roca sin saber qué pensar de esa conducta. Había sido feliz a lomos del caballo. Silenciosamente dio las gracias a la Madre Divina por haber su cumplido su deseo, pero le disgustaba que la chica no fuera como Maude. Estaba seguro de que nunca le dejaría montar su caballo.

Pensó: "¿Por qué le da el Señor un animal tan noble a una chica tan grosera? El caballo debe sufrir mucho viviendo con gente tan ignorante".

Arjun volvió del río y se sentó al sol para secarse. Empezó a hablar y le contó a Bhole lo que había sido un shock tan grande aquella tarde. Bhole lo encontró divertido y dijo que sentía haberse perdido la escena. Ambos chicos estuvieron de acuerdo en que la conducta de la chica era muy mala y que su padre debería castigarla.

"Ese cuidador por lo visto le enseña otras cosas además de montar a caballo", dijo Bhole riéndose.

Aquella tarde charlaron con mucha franqueza acerca de las chicas, un tema del que no habían conversado nunca antes. Bhole le habló a Arjun sobre el tiempo que había pasado con Maude, Beth y Ann. Se había sentido muy a gusto con ellas, pero no se parecían en nada a esa chica de la falda demasiado corta. Ellas habían sido como hermanas para él. Bhole confesó que nunca olvidaría la belleza y la bondad de Beth.

"Todavía pienso en ella muy a menudo y espero volver a verla", dijo con un suspiro. "Cuando sea médico voy a ayudarla a andar sin esas horribles muletas".

Bhole se alegró de ver que Arjun ya no estaba enfadado.

"Esa chica de la falda demasiado corta te ha enseñado al menos lo que puedes hacer con tu esposa cuando te cases", dijo Bhole en son de burla.

"Yo ya estoy casado", dijo Arjun suavemente.

"¿Estás qué?", preguntó Bhole no dando crédito.

"Me casé cuando tenía ocho años".

"Cuéntame más acerca de eso", dijo Bhole. "Nunca lo has mencionado antes".

"Abuela", dijo Raúl. "No entiendo por qué fue un shock tan grande para Arjun ver a un chico y a una chica besarse. Para mí es un shock mucho mayor saber que Arjun se casó cuando sólo tenía ocho años. ¿Cómo puede un chico de esa edad ser un marido, y qué ocurriría si se enamorase de otra chica unos años más tarde?"

"Eso es difícil de entender para un occidental", dijo la abuela. "Vivimos en una cultura totalmente distinta y tenemos ideas diferentes acerca del casamiento. En tiempos de Bhole el matrimonio no tenía nada que ver con el amor, sólo era un acuerdo entre dos familias.

La historia de Arjun

"Hace unos años", empezó Arjun, "mi hermano mayor se casó y mis padres decidieron que yo también debía casarme, porque mi padre tenía que irse y no sabíamos cuando volvería".

"¿Y cómo te encontraron una esposa?", preguntó Bhole.

"Es la hija del mejor amigo de mi padre. Sus padres me la prometieron cuando nació. Cuando nos casamos yo tenía ocho años y ella seis".

"¿Pero dónde está ella ahora?"

"Vive con sus padres en Benarés y seguirá viviendo con ellos hasta que yo tenga edad suficiente para mantenerla. Cuando mis padres vuelvan, también puede escoger vivir con ellos, pero no sé si eso llegará a ocurrir algún día", dijo Arjun suspirando.

"Siempre creí que tus padres habían muerto y que por eso vivías con tu tío", dijo Bhole. "No quería preguntar porque temía que hablar de ello te entristecería".

"No, mis padres todavía viven, pero no sé dónde están. Es una historia larga y no conozco todos los detalles, porque en mi familia nadie toca el tema. Tengo dos hermanos y el mayor es la causa de todo el problema. Cuando era estudiante en la universidad de Benarés, se unió a un grupo que quiere que los ingleses se vayan. Se hacen llamar "Luchadores por la Libertad" y están metidos en muchos actos de rebeldía. La policía cogió a mi hermano preparando bombas y le condenaron a la cárcel de por vida. Todo el mundo en mi familia estaba angustiado y mi madre no paraba de llorar.

Un día mi padre se enteró de que la policía planeaba detenerle a él también, porque decían que había sido miembro de una organización ilegal antes de casarse con mi madre. Así que mi padre decidió que mi otro hermano y yo nos casáramos antes de que le arrestasen".

"¿Y dónde está tu padre ahora?", preguntó Bhole.

"Poco tiempo después de las bodas la situación empeoró", siguió diciendo Arjun. "Hasta el punto de que alguien intentó matar a mi padre. Mis padres no querían que nos pasase nada a mi hermano y a mí, así que nos mandaron con mi tío a Bangalore. Nos quedamos allí dos años pero la casa era muy pequeña y mi hermano y yo nos peleábamos constantemente. Por eso me vine aquí.

Poco después de que nos fuéramos detuvieron a mi padre. Mi madre alquiló una habitación cerca de la cárcel donde él está ahora. Todos los días le lleva la comida y habla con sus abogados. Mi tío dice que las acusaciones contra mi padre son falsas, pero que es muy difícil demostrárselo a los jueces porque tienen que obedecer a los ingleses. No he visto a mi padre desde hace tres años y dudo que pueda volver a verle algún día".

Cuando Bhole vio lágrimas en los ojos de su amigo le puso el brazo alrededor de los hombros para consolarle y dijo:

"Me gustaría que Babaji pudiera ayudar a tu familia. Antes de ser un swami era juez del Supremo. El sabría sacar a tu padre de la cárcel. Una vez le oí decir que en el futuro la India será un país independiente y que los ingleses se irán. Cuando esto ocurra, tu padre y tu hermano serán libres. Espero que sea pronto".

"Ahora puedes entender por qué no me gusta esa gente del caballo", dijo Arjun. "Ese hombre era un oficial del ejército británico, lo cual quiere decir que está de acuerdo con lo que hacen los ingleses. Como soldado ha tenido que hacer cosas contra los hindúes. Puede incluso que haya matado a alguno. Por eso no me gusta ir allí y no quiero tener nada que ver con ellos".

"Nunca he pensado así, pero tienes razón", dijo Bhole. "Creo que ya es hora de olvidar el caballo inglés. Yo tampoco quiero volver a ir allí".

"Y, por favor, Bhole, prométeme que no le dirás nunca nada a nadie sobre los problemas de mi familia", pidió Arjun, "porque podría ser peligroso para todos".

"Claro que no diré nada", le aseguró Bhole. "Guardaré tu secreto como si fuera mío".

Sacrificios

La historia de Arjun había conmovido a Bhole profundamente. Mientras volvía a su casa, se preguntaba por qué la vida era tan dura para algunos y tan fácil para otros.

Pensó: "No me parece justo. Debería hacer algo por los que sufren tanto. Pero, ¿qué puedo hacer para ayudar a que el padre de Arjun vuelva a casa?"

Aquella noche, después de la meditación, Bhole rezó a la Madre Divina: "Ma, me has otorgado poder montar ese caballo y te lo agradezco mucho, pero esta vez quiero pedirte algo mucho más importante. No es para mí. Arjun y su familia han sufrido mucho. Por favor, cuídalos y haz que su padre pueda salir de la cárcel lo antes posible. Y también, querida Madre, dime lo que puedo hacer para ayudarles".

Bhole no pudo dormir aquella noche porque no paraba de pensar en cómo ayudar a Arjun y a su familia. Pero no encontró ninguna solución. Por la mañana llegó a la conclusión de que la tarea era demasiado difícil para un ser humano. Lo único que pensó que serviría fue pedir ayuda a los dioses. Debía ser fácil para ellos encontrar al padre de Arjun y liberarle.

Como siempre encontró a Arjun en el camino, y mientras andaban hacia el colegio le dijo que quería hacer algo para que los dioses se interesaran por la situación de su padre, pero Arjun no respondió con mucho entusiasmo.

"Ya he rezado día y noche", objetó "y no ha surtido ningún efecto".

"Si rezamos los dos será mucho más potente. Si nos dirigimos a los dioses como es debido seguramente intervendrán", insistió Bhole.

"Bueno pero, por favor, no le digas a mi tío que conoces la historia", dijo Arjun.

"Te prometo no decir nada a nadie, excepto a los dioses", dijo Bhole.

Por la tarde, después de la clase de Sánskrito, los chicos se sentaron en una roca a decidir un plan de acción.

"No podemos sólo rezar y pedir ayuda a los dioses", dijo Arjun. "Tenemos que hacer un sacrificio para agradarles y mostrarles que esto es muy serio".

"Pero, ¿qué les podemos ofrecer?", preguntó Bhole. "No tengo nada de valor".

"Ni yo tampoco", dijo Arjun.

"Tenemos que darles algo que realmente necesitemos, si no, no es un verdadero sacrificio", dijo Bhole.

"Podríamos ayunar y ofrecer nuestra comida", sugirió Arjun. "Pero mi tío y mi tía nunca me permitirían hacer eso. Siempre han dicho que los niños no deberían debilitar sus cuerpos ayunando".

"Tengo una idea", dijo Bhole. "Los dioses estarán contentos con que les ofrezcamos una parte de la comida. Sigue siendo un sacrificio, porque ese día tendremos hambre. Podemos poner los primeros bocados en un cacharrito y ofrecerlo en el templo".

"Creo que tres bocados serán suficientes", sugirió Arjun. "Y no le diremos a nadie por qué lo hacemos. Pero si alguien nos pregunta, tampoco debemos mentir. Sencillamente no diremos nada. No está bien contarles a los demás los sacrificios que uno hace, ¿sabes? ¿A qué dios le vamos a rezar?"

"A todos, por supuesto", dijo Bhole.

"Eso es imposible", se rió Arjun. "Hay cientos y cientos de dioses. Ni siquiera sé el nombre de todos".

"Entonces, escogeremos uno para cada día de la semana", dijo Bhole. "Tradicionalmente el lunes es de Shiva, así que ese día haremos un "pooja" (ofrenda ritual) en el templo de Shiva. El martes es el día de Hanuman, así que iremos al templo de Hanuman. Necesitamos mucho la ayuda de Hanuman, es el que mejor sabe cómo liberar a la gente de la cárcel porque hace mucho tiempo ayudó a rescatar a Sita, la esposa de Rama".

"Y a Ghanesha, el hijo de Shiva, el que tiene la cabeza de elefante, le encanta la comida y es experto en quitar obstáculos", añadió Arjun, "así que cada día, antes de empezar un pooja, rezaremos a Ghanesha y le ofreceremos parte de nuestra comida. Eso hará más efectivos nuestros poojas".

"¿Y rezaremos a Rama los miércoles?", preguntó Bhole.

"Pero si en nuestro pueblo no tenemos templo para él", objetó Arjun.

"Podemos hacer un pequeño altar debajo de un árbol cerca de nuestra cueva y hacer el pooja allí", sugirió Bhole. "Y el jueves es el día del Gurú (Maestro espiritual) y así rezaremos a Babaji. Pero a Babaji no le gustan ni los rituales ni las ofrendas. Dice que los rituales no son parte de nuestra tradición. Eso quiere decir que el jueves podemos comernos toda la comida y en vez de hacer un pooja meditaremos juntos".

"No sé meditar", dijo Arjun.

"Te puedo enseñar, es muy fácil", dijo Bhole. "El viernes llevaremos nuestras ofrendas a Ma Durga, la diosa que cabalga sobre un tigre. Y el sábado rezaremos a la Divina Madre".

Poco a poco Arjun se dejaba ganar por el entusiasmo del plan. Y puesto que la fe de Bhole era muy fuerte se sintió un poco más optimista. Aquella noche, en casa, buscó entre los libros de su tío las oraciones y versos que debían recitarse durante los diferentes poojas, y al día siguiente estaba totalmente preparado para empezar la gira de sacrificios.

"Abuela", dijo Raúl. "Me pregunto por qué hacer un sacrificio es mejor que sólo rezar a los dioses".

"Bhole sabe que por él mismo no puede hacer nada para ayudar al padre de Arjun", contestó la abuela. "Así que la única posibilidad es agradar a los dioses y esperar que accedan a hacer uso de sus poderes para liberarle de la cárcel. Haciendo un sacrificio, Bhole por lo menos hace algo para Arjun y su familia".

"En occidente no hacemos sacrificios", dijo Raúl, "no creemos en esas cosas".

"Puede que no creamos en ese tipo de sacrificio, pero eso no quiere decir que no hagamos ninguno", dijo la abuela. "Creo que sin sacrificios, la vida en la tierra sería imposible".

"No entiendo", dijo Raúl. "¿Me lo puedes explicar?"

"Si utilizas la palabra "dar" en vez de "sacrificio", te será fácil de entender", dijo la abuela. "Imagínate lo que sería si un día las gotas de lluvia decidieran ya no alimentar a las plantas. Si dijeran: "Ya no nos vamos a sacrificar, de ahora en adelante guardaremos todo el agua para nosotras". La tierra no tardaría en secarse y la vida cesaría. O imagínate que las plantas ya no quisieran ser comidas y dijeran: "estamos hartas de sacrificarnos todo el tiempo". Entonces todos los animales y seres humanos se extinguirían. Un bebé no puede sobrevivir si su madre

no quiere nutrirle. Cada ser vivo necesita de otro para sobrevivir. Los niños no se dan cuenta de eso, pero es muy importante aprender que ayudar y dar es tan necesario como recibir".

Ofrendas

Bhole cogió un cacharro pequeño de la cocina y lo lavó hasta dejarlo brillante. Lo envolvió en un pedazo de tela limpia y lo guardó en su habitación. A la mañana siguiente, antes de empezar a comer, puso cuidadosamente en el cacharro una parte de su desayuno. Estuvo todo el día rezando a Shiva, porque era lunes. En el colegio dividió su atención entre lo que el profesor le mandaba hacer y sus oraciones. También apartó algo de comida de su almuerzo y cuando se fue a la clase de Sánskrito se llevó el cacharro debajo de la camisa.

Bhaiya, que olió la comida, estaba muy interesado en lo que escondía Bhole debajo de su camisa y daba saltos con la vana esperanza de coger el cacharro. Bhole le dijo con severidad: "¡Bhaiya, para! Esto no es para ti. Tendrás tu comida esta noche. Esta comida es para un propósito muy importante que no tengo permiso de revelar".

Después de la clase de Sánscrito el tío de Arjun se fue a celebrar una boda y los chicos bajaron al río a bañarse.

"No podremos dirigirnos a los dioses si estamos sucios y llenos de polvo", había dicho Arjun.

Así que un poco más tarde entraban en el templo refrescados y limpios. Arjun estaba nervioso porque era la primera vez que tenía que llevar a cabo un ritual él solo. Había visto a su madre y a su tío hacerlo muchas veces y sabía que era muy importante no equivocarse durante el ritual y al cantar los versos.

Los dos estaban muy concentrados en su tarea, y todo fue muy bien. Cuando Bhole cerró los ojos se imaginó que estaba sentado delante de Shiva. Sentía que Shiva escuchaba realmente su petición. Al final del ritual los dos chicos se sintieron aliviados. Les pareció que el primer paso en su serie de sacrificios había tenido éxito. Ahora tenían la esperanza de que Shiva se ocuparía de resolver el problema.

"Lo que no entiendo es por qué en un pooja todo tiene que ser exactamente como dictaminan las Escrituras", dijo Bhole cuando salían del templo. "Yo, si quiero rezar a los dioses, simplemente me siento y les hablo".

"Creo", dijo Arjun, "que es como escribir una carta a un rey. Eso también tiene que hacerse de una forma especial. Se utiliza el mejor papel y se escribe con la mejor letra, siguiendo ciertas fórmulas y sin faltas. No puedes ponerte a escribir: "¡Hola, Rey! Quiero que hagas esto o lo otro". Primero tienes que hacer que se interese por tu problema porque millones de personas están todo el santo día pidiéndole cosas".

"Sí, eso tiene sentido", dijo Bhole. "Ahora entiendo mejor el propósito de los rituales".

Al día siguiente, Bhole dirigió sus oraciones a Hanuman, el dios con aspecto de mono. La noche anterior había leído en el Ramayana los pasajes en los que Hanuman hacía cosas milagrosas para rescatar a Sita. Bhole tenía plena confianza en que Hanumanji podía ayudar a liberar al padre de Arjun.

De camino hacia el colegio vio una familia de *langures* (grandes monos de pelo gris plateado con caras negras y largas colas) sentados juntos en una pared. Bhole se alegró al verlos y pensó que encontrarse esa mañana con los parientes lejanos de Hanuman era un buen augurio. Rápidamente ató a Bhaiya a un árbol y le ofreció la mitad de su comida al padre de la familia de monos y el resto a la madre y al bebé que llevaba agarrado a su espalda. A Bhaiya esto no le gustó nada y ladró muy fuerte, pero Bhole le dijo que no fuera celoso porque acababa de desayunar y era imposible que ya tuviera hambre. Pero en el colegio, a Bhole le empezó a doler el estómago y le hacía curiosos ruidos. Como no había comido nada, a la hora del almuerzo empezaba a sentirse débil. Fue un gran alivio que Arjun le ofreciera compartir su almuerzo.

Por la tarde, después de bañarse, anduvieron hasta el templo de Hanuman. Cuando el pandit les ofreció hacer el ritual declinaron educadamente y le dijeron que preferían llevarlo a cabo ellos mismos. Su sinceridad y concentración durante el pooja produjo una profunda impresión en el sacerdote que les dijo después que lo habían hecho muy bien.

"Cuando vea a tu tío le diré que su sobrino lleva a cabo los rituales como un verdadero pandit", dijo el sacerdote.

Arjun le contestó rápidamente. "No es necesario, señor. Mi tío ya lo sabe".

Cuando Bhole llegó a su casa, justo salía de la habitación de Tío Dhruv su profesor. Había venido a buscar el dinero para pagar el examen. Tío Dhruv se sorprendió porque Bhole nunca le había dicho que se estaba preparando para el examen final. El profesor le dijo que Bhole era un chico muy inteligente y que debería seguir estudiando.

"Aproximadamente a una hora de camino de aquí, hay un colegio privado de estudios secundarios", dijo el profesor a Tío Dhruv. "Estoy seguro de que aceptarían a Bhole el trimestre que viene".

Pero Bhole no tenía ningún interés en ir a otro colegio. Sólo quería una cosa: volver a la cueva a vivir con Babaji y los swamis.

Buenas Noticias

Es difícil guardar un secreto en un pueblecito. Cuando Arjun volvió a casa al día siguiente después de la escuela, su tío le estaba esperando con una mirada de compasión en los ojos.

"No deberías preocuparte, chico", dijo poniendo el brazo alrededor de los hombros de su sobrino. "Estoy seguro de que aprobarás el examen".

Arjun estaba extrañado. No sabía por qué su tío le hablaba del examen.

"Ayer me encontré con tu profesor y me dijo que no tenías por qué preocuparte. Bhole y tú sois buenos estudiantes y no tenéis nada que temer".

Arjun seguía sin entender, hasta que su tío añadió, "He oído decir que Bhole y tú habéis llevado a cabo rituales para pedir la ayuda de los dioses. Eso está muy bien, pero realmente no hace falta ofrecer cada día parte de vuestras propias comidas por miedo a no aprobar. Necesitáis esa comida porque estáis creciendo y muy deprisa".

Arjun bajó la vista. En realidad no sabía qué decir.

"Y hay una buena noticia más", siguió diciendo su tío. "Tu padre tiene que presentarse ante el tribunal la semana que viene y sus abogados confían en que sea absuelto de todos los cargos que se presentaron contra él. ¿Te he contado que fue uno de sus antiguos estudiantes quien presentó las acusaciones que le han llevado a la cárcel ? Ese chico, hijo de un político, era muy vago en la escuela y suspendió el examen.

Después se inventó toda esa historia, culpando a su profesor de su fracaso. Dijo que tu padre estaba continuamente hablando de política en vez de enseñar y que animaba a los estudiantes a involucrarse en actividades ilegales, como esa que llevó a tu hermano a la cárcel".

"¡Eso sí que es maldad!", dijo Arjun con indignación. "¿Cómo puede alguien hacer algo así?"

"Pero ahora", siguió diciendo su tío, "los demás estudiantes van a dar testimonio de que tu padre nunca mencionaba la política en sus clases y que ese chico mentía".

"¿Crees que el juez les va a creer?", preguntó Arjun.

"No lo sé", contestó su tío. "Pero hay más. El padre de ese chico descubrió que durante sus años de estudiante en la universidad de Benarés, tu padre era miembro de un club de debate, que suele ser una organización prohibida. Unos cuantos antiguos amigos de tu padre, también miembros de ese club, van a dar testimonio de que durante sus años de estudiantes sólo discutían las Escrituras y que no les interesaba la política en absoluto. Ha sido muy recientemente cuando los miembros de ese club se han empezado a involucrar en política y se han hecho llamar "Luchadores por la Libertad". Así que son buenas noticias, ¿verdad?"

"Son excelentes noticias, tío", dijo Arjun. "¿Crees que el juez lo creerá y que mi padre saldrá pronto de la cárcel?"

"Eso no lo sé, Arjun. Cuando la política se mezcla con la justicia, es siempre muy difícil prever el resultado".

Cuando Bhole oyó esas noticias, se alegró muchísimo por Arjun.

"Pero todavía no deberíamos dejar de hacer los rituales", dijo. "Seguimos necesitando la ayuda de los dioses para convencer al juez la semana que viene. Si el padre del chico es un político, puede ser un hombre poderoso. Seguro que le molestará mucho descubrir que su hijo ha estado mintiendo. Necesitamos la ayuda de Babaji, porque él sabe cómo piensan los jueces. Esta tarde te voy a enseñar yoga y meditación tal como lo he aprendido en la cueva. Si logramos atraer la atención de Babaji, estoy seguro de que nos ayudará".

Clase de meditación

Bhole preparó dos asientos para meditar en un sitio tranquilo cerca de su escondite.

"Primero haremos algunas posturas de Hatha yoga, después ejercicios de respiración y de relajación y luego nos sentaremos a meditar", anunció Bhole.

Empezó por enseñarle a su amigo algunas posturas de yoga.

"¿De verdad tengo que hacer que mi cuerpo haga esas cosas?", preguntó Arjun asombrado. "No creo que pueda. ¿Qué tiene que ver esto con la meditación?"

"En realidad no sé mucho de Hatha yoga", confesó Bhole, "pero todos los swamis en las cuevas lo han estado practicando desde los tiempos más remotos, así que tiene que ser útil. Creo que tiene un efecto sobre el fluir de la energía en el cuerpo".

Arjun hizo lo que pudo en los estiramientos. Algunos eran demasiado difíciles para él, pero de todos modos se lo estaba pasando muy bien con Bhole de profesor. Nunca había hecho Hatha yoga y notó que después de hacerlo tenía una sensación de frescor en el cuerpo como si se hubiera bañado por dentro. Entonces Bhole le hizo una demostración de unas cuantas posturas difíciles, muchas de ellas con nombres de animales. Le enseñó a Arjun la Cobra, el Pez, el Cuervo y el Mono y Arjun disfrutó mucho haciéndolas.

"Tenemos que hacer esto más a menudo", dijo Arjun. "Quiero llegar a ser tan flexible como tú".

"De acuerdo", dijo Bhole. "Yo no suelo hacer Hatha yoga de forma regular, pero me siento bien cuando lo hago. Y es muy divertido hacerlo contigo".

A Arjun los ejercicios de respiración le parecieron más difíciles y no tardó en encontrarse sin aliento.

"Estás respirando al revés", concluyó Bhole. "Tienes que cerrar la boca y respirar sólo por la nariz. Y no muevas los hombros al inhalar. Mira, así es como hay que hacerlo".

Bhole se puso una mano sobre el abdomen y la otra sobre el pecho. Mientras exhalaba e inhalaba, la mano del abdomen se movía hacia fuera y hacia dentro con el aliento, y la mano del pecho no se movía nada.

"Ahora haz lo mismo que yo", dijo Bhole. "Cuando inhalas el abdomen y las costillas flotantes se expanden, así que la mano del abdomen se aleja del cuerpo. Durante la exhalación la mano vuelve hacia el cuerpo. Date cuenta de que la mano del pecho no se mueve. Babaji llama a eso "respiración diafragmática" y dice que es muy importante para tener buena salud. Si no respiras así tendrás problemas de salud".

Arjun tardó en aprender a respirar bien, pero Bhole era un profesor paciente y trabajó con él hasta que lo consiguió.

"Ahora vamos a hacer una relajación profunda", dijo Bhole.

"Eso suena bien", respondió Arjun. "Estoy muy cansado después de tanto trabajo y necesito un buen descanso".

"Pero no te duermas", avisó Bhole. "Tienes que permanecer completamente despierto para relajar conscientemente cada músculo de tu cuerpo".

"Esto es demasiado difícil para un ser humano normal", suspiró Arjun. "Creo que nunca podría llegar a ser un yogui".

"Pero estas prácticas no son sólo para yoguis", se rió Bhole. "Cualquier persona que quiera ser feliz y estar sana debería hacer estas prácticas. Babaji dice a todos los que le vienen a ver que es muy importante cuidar bien el cuerpo. Dice que el cuerpo humano es un templo. Hay que cuidarlo porque Dios vive dentro.

"¿Dios vive aquí?" preguntó Arjun, señalándose el pecho.

"Sí", dijo Bhole, "Dios está en todas partes y también en tu pecho".

"¡Hmm!.... Esa es una idea interesante", dijo Arjun.

Aunque se esforzaba mucho, Arjun encontraba muy difícil mantenerse despierto mientras Bhole dirigía el ejercicio de relajación sistemática. Hablando despacio y con voz monótona, Bhole le dijo que relajara la frente, la cara, los hombros. Arjun no oyó más, le contó después, porque se había dormido. Cuando Bhole se dio cuenta le dijo: "¡Eh!... ¡Despierta, hermano! Podrás dormir esta noche en tu cama".

Pero Arjun se sentía demasiado cansado y adormilado, y aunque lo intentó, no pudo permanecer despierto.

Cuando Bhole vio que Arjun no podía seguirle, decidió meditar solo. Sentado con las piernas cruzadas, con la espalda recta y la cabeza, el cuello y el tronco alineados, enfocó la atención en su aliento y en su mantra. En pocos minutos, alcanzó un estado de meditación.

"Es el mejor de todos los estados", le había dicho Babaji muchas veces. "Es mejor que estar despierto, o durmiendo, o soñando. Cuando estás despierto tu mente es como un rey al que todos tienen que obedecer.

El rey sigue allí cuando ensueñas, pero disfrazado. Cuando duermes profundamente la mente se duerme y no te das cuenta de nada. Pero cuando meditas estás más allá de la mente y entras en un mundo de Amor y de pura Felicidad, entonces conoces la Realidad. La mente ya no da órdenes ni filtra las cosas. Estás en el mundo real, el mundo de la Bienaventuranza donde, en el fondo de su corazón, todo ser humano quiere estar".

Aunque Bhole había oído esas palabras muchas veces, todavía no podía entender lo que significaban. A veces, sin embargo, mientras enfocaba la atención en su mantra, experimentaba un poquitín de esa verdadera Felicidad y eso le sirvió para convencerse de que la meditación era algo importante que había que aprender. Aunque practicaba casi todos los días, rara vez alcanzaba ese estado y a menudo se desilusionaba. Hasta había considerado la posibilidad de dejar de meditar, pero seguía practicando porque le había prometido a Babaji que haría lo que pudiera para meditar regularmente. Esta vez, sin embargo, no le resultó difícil alcanzar ese estado de Verdadera Felicidad. Después de enseñar Hatha yoga a Arjun, descubrió que le resultaba fácil concentrarse en su mantra un par de minutos. Mientras tanto, Arjun estaba soñando con Babaji, que le dijo que su padre estaba en las manos del Señor y que todo se arreglaría pronto.

Cuando Arjun se despertó y vio a Bhole sentado como un Buda con los ojos cerrados y una leve sonrisa en la cara, se preguntó qué estaría haciendo su amigo. Tenía la cara diferente, ya no era la cara de un niño, sino la de alguien mucho mayor. Todo eso le pareció muy misterioso y no sabía qué hacer. Pensó: "¿Debería hacer o decir algo para llamar su atención, o debería sentarme como él e intentar meditar?"

En ese momento Bhole empezó a moverse. Abrió los ojos despacio y miró alrededor como si acabase de llegar de otro planeta.

"¡Hola! ¿Dónde has estado?", preguntó Arjun.

Bhole sonrió y dijo: "Estaba en otro sitio, pero no sé dónde, ni cómo llegué. Eso es lo divertido de la meditación. Es una experiencia diferente cada vez. Deberías intentarlo. Es demasiado difícil explicar lo es que la meditación. No hay palabras para describirlo".

"Tenías la cara diferente mientras meditabas", dijo Arjun, "como si fueras mucho más mayor. Me alegro de que hayas vuelto y vuelvas a parecerte a mi amigo Bhole".

Luego Arjun se acordó de su sueño. Dijo: "¡Oh, Bhole!, casi me olvido, cuando me dormí durante la relajación tuve un sueño en el que vi a Babaji. Dijo que no tenía que preocuparme y que todo se arreglaría pronto.

"¡Qué bien!", dijo Bhole, "eso quiere decir que sabe de tu problema. Ahora espero que sepa también del mío".

"¿Tú problema? ¿Qué te pasa?", preguntó Arjun sorprendido.

"Es mi tío Dhruv", dijo Bhole con un suspiro. "Quiere que vaya a una escuela secundaria y yo no estoy de acuerdo. No sé cómo decirle que quiero volver a la cueva en cuanto termine el colegio".

"Te echaré de menos", dijo Arjun. "Espero que mi padre vuelva pronto a casa. Entonces podré volver a la escuela de Sánskrito. Las escuelas en esta región no son buenas. Son primitivas y aburridas.

Lucha

Bhole tenía un problema y no sabía qué hacer. La fecha del examen se acercaba y cada día Tío Dhruv le preguntaba si había ido a ver al director del nuevo colegio para matricularse en el próximo trimestre. Cuando Bhole le dijo que lo que quería hacer era estudiar con Babaji en la cueva, su tío se enfureció tanto que Bhole tuvo miedo.

"Yo personalmente te romperé todos los huesos si te niegas a ir a ese colegio", gritó Tío Dhruv.

Bhole que todavía tenía las cicatrices de los golpes que le había propinado su tío, salió de la habitación con lágrimas en los ojos. Desde ese día había una tensión desagradable en la casa. Tío Dhruv estaba siempre de mal humor, gritándoles a su madre y a Tía Seema, lo cual encolerizaba a Bhole. No quería que nadie sufriera por su problema.

Su madre intentó convencerle de que debía continuar sus estudios en un colegio y no en una cueva.

"Las cuevas estaban bien antiguamente, cuando no existían los colegios", dijo, "pero hoy día debes tener una educación mejor si quieres lograr algo en la vida".

Sin embargo Bhole no quería escuchar.

"Babaji me prometió que podía volver a la cueva después de terminar mis estudios en esta escuela", dijo, "y no voy a ir a otra".

Bhole estaba preocupado día y noche y encontraba difícil concentrarse en sus estudios. Se sentía presionado por todos lados. El maestro también intentaba convencerle para que se matriculara y hasta se ofreció para acompañarle y enseñarle la nueva escuela. Pero Bhole se negó.

"En cuanto termine el examen me voy", le dijo a Arjun. "No me importa dónde. Lo único que sé es que aquí no me voy a quedar".

Aquella tarde decidió ir a visitar a las dos señoras mayores que tan buenos consejos le habían dado siempre. Ellas se dieron cuenta inmediatamente de que Bhole estaba preocupado por algo y le preguntaron que qué era.

"Es un gran problema", dijo Bhole después de explicarles la situación. "Por favor, decidme lo que debería hacer porque no lo sé".

"Entendemos la dificultad que tienes; pero huir no es la solución. El mundo es demasiado peligroso para que un chico como tú viaje solo".

Bhole recordó la mala experiencia que tuvo cerca del puente de cuerdas en Rishikesh, cuando casi le secuestran y sabía que tenían razón.

"Tampoco es correcto molestar a tu madre y a tus parientes con tu terquedad. Nunca sabrás cómo es esa escuela si te niegas a probar. Te aconsejamos que te matricules y que vayas allí durante las cuatro semanas que quedan hasta las vacaciones de verano. Entonces podrás hablar de ello con Babaji y dejar que él decida".

Bhole agradeció la sugerencia. Pensó: "Tienen razón. Si sólo tengo que ir a esa escuela cuatro semanas, no está tan mal. Estoy seguro de que no tendré que volver después, pero claro, ¡eso no se lo voy a decir a Tío Dhruv!".

Con un suspiro de alivio, se fue a su casa y decidió matricularse al día siguiente.

Arjun se sorprendió mucho cuando Bhole le dijo que había cambiado de opinión.

"He decidido intentarlo", dijo riéndose. "¿Quién sabe? A lo mejor me gusta tanto ese colegio que no quiero volver a la cueva nunca más".

"No creo", dijo Arjun. "Por lo que he oído ese colegio es diez veces peor que al que vamos ahora. Parece ser que los más antiguos maltratan a los nuevos y que los profesores no hacen nada para impedirlo".

"Bueno, para eso tengo una solución", dijo Bhole recordando los problemas que tuvo durante los primeros días en la escuela primaria. "Llevaré a Bhaiya conmigo y todo irá bien".

El día que Tío Dhruv recibió el mensaje de que la nueva escuela había aceptado a Bhole, se puso muy contento.

"Me alegro de que ese granuja haya cambiado de idea", le dijo a Tía Seema. "Por fin ha entendido quién manda en esta casa".

"Es por su propio bien", dijo Tía Seema. "En el futuro agradecerá que le hayas cuidado tanto".

Decisiones

El examen fue bien. Después de ver los ejercicios de Bhole y de Arjun el inspector les hizo algunas preguntas y luego les felicitó.

"Este examen no era nada", dijo Arjun cuando se fueron con sus certificados. Si hubiera sabido que iba a ser tan fácil, no hubiera estudiado".

"Ya no tenemos que volver nunca más", dijo Bhole radiante de felicidad. "He deseado este momento durante años. Me encantaría irme con Babaji mañana mismo".

"No, no te vayas mañana", objetó Arjun. "Vamos a divertirnos un poco juntos antes de separarnos. Me entristece pensar que ya no nos vamos a ver, pero te prometo ser tu amigo toda mi vida".

"Tenemos dos semanas de vacaciones antes de que empiece la nueva escuela", dijo Bhole. "Podemos pasear por las mañanas y después de la clase de sánskrito iremos a nadar al río".

"Espero que mi tío no tenga otros planes", dijo Arjun. "No le gusta verme ocioso. Me temo que me va a hacer estudiar las Escrituras cada mañana".

Cuando Bhole volvió a casa y enseñó el certificado a Tío Dhruv, éste se puso muy contento con ese pedazo de papel y actuó como si fuera un gran logro. A Bhole eso le pareció raro, porque en su opinión no era nada especial.

"Esto marca el principio de una nueva fase en tu vida", dijo Tío Dhruv con solemnidad. "Ahora ya no eres un niño y pronto serás un hombre".

Bhole no entendía cómo un pedazo de papel podía hacer de alguien un hombre. Simplemente se quedó allí de pie, sin saber qué decir.

Luego Tío Dhruv se levantó de la cama, algo que hacía pocas veces porque le costaba mucho, y trasladó como pudo la mole que era su cuerpo hasta la puerta de la galería.

"Ven, chico", dijo sin aliento. "Tengo algo que enseñarte".

Bhole le siguió pero le preocupaba que las tablas sueltas y medio rotas del suelo de la galería no pudieran aguantar el peso de su tío. Con cuidado le ayudó y le llevó por un sitio donde las tablas parecían estar mejor. Tío Dhruv se mantuvo allí de pie con una mano apoyada sobre la barandilla y la otra en el hombro de Bhole.

"Mira", dijo Tío Dhruv, señalando hacía el valle. "¿Ves esos matorrales? Desde allí hasta la carretera y todo el camino hasta arriba de aquella colina, la tierra pertenece a tu familia. Tu padre ha dejado escrito en su testamento que todo esto ha de ser tuyo después de que te cases. Hasta entonces yo me ocupo de ello y es mucho trabajo. Los granjeros labran la tierra para nosotros. Ellos y nosotros tenemos suficiente comida con lo que se cosecha. Ahora te voy a enseñar todo lo que necesitas saber para ser terrateniente. Quiero que vengas a mi cuarto cada mañana. A causa de mi mala salud hay mucho trabajo que ya no puedo hacer. De ahora en adelante serás mi ayudante".

Bhole se quedó perplejo. Nunca se había visto a sí mismo de terrateniente como su padre. Estaba muy convencido de que Babaji tenía otros planes para él. ¿No le había dicho hacía muchos años que había nacido para ayudar a la Madre Divina y que viajaría a tierras lejanas? ¿Acaso no era él el niño de la Madre

Divina y no el hijo de sus padres? Deprimido, bajó a la cocina donde su madre y tía Seema estaban trajinando. En cuanto él entró, dejaron de hablar, como si no quisieran que él oyese lo que estaban diciendo.

"Bhole, hijo, mañana tienes que llevar tela al sastre", dijo su madre. "Necesitas un uniforme nuevo para el colegio y un traje nuevo para las ocasiones especiales".

"¿Qué ocasiones especiales?", preguntó Bhole.

Su madre y tía Seema intercambiaron una mirada de connivencia.

"Pronto lo sabrás", dijo su madre.

Aquella tarde Bhole le dijo a Arjun que no iba a poder pasear con él por las mañanas como habían planeado.

"Mi tío Dhruv quiere enseñarme a ser un terrateniente. Desde mañana por la mañana tengo que ser su ayudante".

A Arjun eso le pareció muy gracioso.

"Tendrás que comprar un traje nuevo, un turbante y un bastón", dijo riéndose, "y de ahora en adelante deberé dirigirme a ti como Bhole sahib o como señor Bhole. La próxima vez que te vea inclinaré la cabeza y te saludaré con las manos juntas".

"No te rías", dijo Bhole, "no tiene ninguna gracia. No quiero ser un terrateniente. En cuanto empiecen las vacaciones me voy a ir de este pueblo y no voy a volver nunca más. Me niego en rotundo a ser un terrateniente".

"Pero si ya lo eres", le dijo Arjun. "Posees algunas tierras, luego eres terrateniente".

"¿Cómo puede un ser humano poseer tierras?, objetó Bhole. "Todas las tierras pertenecen a Dios. Es el cuerpo de la Madre Divina y nos lo ofrece para que podamos cultivar nuestra comida. En realidad nadie lo puede poseer. Lo primero que voy a hacer es dárselo todo a los granjeros que han trabajado y vivido aquí tantos años".

"No digas tonterías", dijo Arjun. "¿Quién mantendrá a tu madre si regalas las tierras? Creo que tendrás una idea más clara de lo que significa ser terrateniente después de unas cuantas conversaciones con tu Tío Dhruv".

"¡Oh! ¡Cómo me gustaría que estuviera aquí Babaji!", dijo Bhole. "Sabría exactamente qué decirle a Tío Dhruv. Rezo día y noche para que venga alguien y me lleve, pero hasta ahora no ha ocurrido nada".

En su primera sesión con Tío Dhruv, a la mañana siguiente, su tío habló durante más de una hora sobre los deberes de un terrateniente y el futuro de la familia. Bhole estaba muy quieto, sentado en el suelo en frente de la cama simulando escuchar porque no quería molestar a su tío. En realidad no atendía a nada de lo que decía. En vez de eso rezaba interiormente a la Madre Divina, pidiéndole ayuda. Estaba convencido de que su futuro iba a ser distinto, pero no sabía cómo decírselo a su tío. Su único pensamiento era: "No voy a ser un terrateniente. Nunca, nunca seré un terrateniente".

Finalmente su tío dijo: "Si tienes alguna pregunta, puedes hacerla ahora".

Bhole vaciló un rato y luego dijo: "Tío, por favor, ¿puedes explicarme cómo puede un ser humano poseer una tierra? Está dicho en las Escrituras que nada nos pertenece porque todo pertenece al Señor. ¿Cómo puede ser que.....?"

Tío Dhruv ni siquiera esperó a que Bhole terminara su pregunta. Lleno de irá, contestó: "Esa es otra de tus estúpidas preguntas. Eso demuestra que esos swamis te han enseñado cosas falsas. Sus ideas son completamente ajenas a la realidad. Deberías olvidarte de todo lo que te han enseñado. De ahora en adelante tienes que escucharme a mí solamente. ¿Has entendido?"

Bhole se fue a su habitación completamente deprimido. Le dolía que su tío hubiera culpado a su amado Babaji y a los swamis que eran sus hermanos.

Pensó: "No es justo. Ni siquiera intenta entender mis preguntas".

Tío Dhruv le entregó un papel con los nombres de los granjeros que todavía no habían pagado lo que debían. Ordenó a Bhole que fuera a verlos y se lo recordara. Al principio Bhole ni siquiera miró los nombres porque no tenía intención de visitarlos, pero más tarde por curiosidad, miró la lista para ver si estaba el nombre de alguien a quien conociera. Para su sorpresa, el nombre de Tío Perrito, encabezaba la lista. Nunca había sabido que su amigo era uno de los inquilinos de su padre.

Pensó: "Cuando deje a Bhaiya para ir a la clase de Sánscrito, le preguntaré a Tío Perrito sobre esto de terrateniente. Creo que aprenderé más de él que de Tío Dhruv".

"Abuela", dijo Raúl, "no puedo entender por qué Bhole no le dijo llanamente a su tío que no quería ser terrateniente. No creo que hubiera sido difícil".

"Raúl", dijo la abuela. "en aquel tiempo los niños no tenían ni voz ni voto en las grandes decisiones. Los adultos sabían mejor lo que les convenía a ellos y a la familia, así que no tenían más remedio que callarse".

"Menos mal que no vivo en aquella época, abuela, porque debe ser muy duro hacer algo en contra de tu voluntad".

Trabajando

Bhole iba a salir a pasear con Bhaiya cuando su madre le pidió que fuera al sastre. Le dio un paquete envuelto en tela marrón y le dijo que debía tener cuidado porque lo que había dentro del paquete era un trozo de tela muy valioso que ella había guardado durante años.

"Dile al sastre que te haga un hermoso traje", dijo, "pero no te olvides de comentarle que te lo haga un poco grande, porque estás creciendo muy rápidamente y así te servirá más tiempo".

"¿Qué voy a hacer con un traje tan caro?"

"No te lo puedo decir todavía", dijo su madre riéndose, "pronto lo sabrás.

Bhole recordó lo que le había dicho Arjun: "Como terrateniente necesitarás un turbante, un bastón y un traje nuevo".

Mientras caminaba hacia la tienda del sastre no se sentía a gusto. De repente sintió como si alguien le hubiera tocado el hombro. Se volvió para ver quién era, pero no vio a nadie.

Pensó: "¡Qué raro!. Estoy seguro de haber notado una mano sobre mi hombro".

Siguió caminando, pero sintió cansancio y pesadez en las piernas y decidió dar media vuelta. Pensó: "Creo que es mejor que vaya primero a ver a Tío Perrito. Es más fácil bajar una cuesta que subirla y realmente necesito hablar con alguien sobre esta cuestión de poseer tierras. Tío Perrito es la única persona que me puede dar una información correcta".

Tío Perrito se sorprendió al ver a Bhole.

"¿Por qué no estás en el colegio, hijo?"

"Ya no tengo colegio", dijo Bhole. "En lugar de eso lo que tengo son muchos problemas".

"¡Así que ha empezado la vida real!", dijo Tío Perrito riéndose.

"Estoy muy confuso, tío, y espero que me puedas ayudar a aclarar la mente".

"¡Bien, hijo!", pero vamos a sentarnos debajo del árbol. Hace más fresco allí que en la galería".

En esa conversación, Bhole aprendió mucho sobre los granjeros de la región y sobre la situación de Tío Perrito en particular. Nunca había sabido lo dura que era la vida para la gente en su pueblo. Cuando veía a las mujeres y a las niñas trabajar en el campo siempre las había envidiado porque no debían ir al colegio. No tenía ni idea de cuántas dificultades pasaban antes de llevarse las cosechas a casa y no sabía que cada granjero debía entregar buena parte de esa cosecha al terrateniente por el alquiler de la tierra.

Tío Perrito también le dijo a Bhole que su padre había sido un gran hombre y que los granjeros le querían mucho. Siempre había mostrado mucho interés cuando iban a consultarle y les ayudaba con cualquier problema. Les había enseñado cómo cultivar la tierra para obtener mejores cosechas.

"Todos seguimos echándole mucho de menos", dio Tío Perrito. "Desde que dejó su cuerpo nuestra situación no ha sido la misma. Por ejemplo, el otoño pasado fuimos a ver a tu tío porque teníamos un problema. Le dijimos que no había bastante grano para sembrar los campos, porque las fuertes lluvias y los deslizamientos de tierra habían dañado las cosechas. Teníamos sólo la comida justa para el invierno. Las pocas semillas que habíamos guardado para sembrar eran de calidad inferior, así que preguntamos a tu tío si podía prestarnos algo de dinero para comprar grano en el mercado. Pero tu tío no quiso escucharnos. Dijo que eso era asunto nuestro y que él no tenía nada que ver con ello. Muchos de nosotros no teníamos dinero para comprar semillas, así que este año la cosecha será también muy pobre. Por eso no podremos darle a tu tío la cantidad de grano que él esperaba. Le dijimos que esto iba a ocurrir, pero él no nos creyó".

"Eso está muy mal", dijo Bhole. "Creo que es porque Tío Dhruv siempre ha vivido en la ciudad y no sabe mucho del campo".

"Mi familia tiene otro gran problema", siguió diciendo Tío Perrito. "Mi hijo menor se casa la semana que viene y no tenemos dinero para comprarle un traje adecuado. Tendrá que llevar el traje de su hermano, un traje viejo y desgastado. La boda será en el pueblo de la novia y voy a pasar mucha vergüenza si mi hijo no va bien vestido. Si tu padre estuviera aquí estoy seguro que me ayudaría. Cuando se casó mi hija nos hizo un préstamo para el ajuar y se lo fui pagando según pude".

Bhole escuchó en silencio la historia de Tío Perrito. Se sentía muy apenado. Ahora entendía porqué Tío Dhruv se quejaba de los granjeros: sabía que no podrían pagar mucho este año y que no era por culpa de ellos. Mientras intentaba pensar cómo ayudar a Tío Perrito con la boda de su hijo se acordó de repente del paquete que le había dado su madre. Estaba en el suelo a su lado.

"En realidad iba en camino de la sastrería cuando algo hizo que diese la vuelta y viniera hacia aquí", dijo Bhole. "Echemos un vistazo a lo que hay en este paquete que me ha dado mi madre. A lo mejor es algo que tu hijo puede utilizar para su boda".

Abrió el paquete con cuidado. Encima de la tela para el uniforme del colegio había una pieza de seda magnífica.

"Toma esto como regalo de boda para tu hijo", dijo Bhole dándole la tela a Tío Perrito.

"No, no, no puedo aceptar esto, es demasiado hermoso", protestó Tío Perrito.

"Es tuyo", insistió Bhole. "¿Puedes imaginarme con un traje de seda en la cueva de Babaji?"

"Pero, ¿qué va a decir tu madre?"

"Creo que será feliz cuando le diga que mi padre hubiera hecho lo mismo", dijo Bhole.

Bhole volvió a casa con el corazón más ligero. Se fue directo al piso de arriba para explicarle a Tío Dhruv por qué los granjeros no podían pagar más de lo que ya habían pagado. La cara de Tío Dhruv se puso roja de ira.

"Imposible", dijo. "Esos vagos te están engañando. Se inventan historias para impresionarte y que te apiades de ellos. Saben que es fácil engañarte porque eres joven y careces de experiencia. Por lo visto no les importa nada que nos muramos de hambre".

Bhole se estaba enfadando más y más y estaba a punto de decir algo en defensa de los granjeros, justo cuando entró tía Seema en la habitación con la cena de Tío Dhruv.

"¿Cuánto grano nos queda en el almacén?", le preguntó tío Dhruv a su mujer.

"No mucho, querido. Creo que hay justo lo bastante para un mes", respondió tía Seema.

"¿Has oído eso, chico?", gruñó tío Dhruv. "Dentro de un mes vamos a pasar hambre, a menos que hagas algo para asegurarte de que eso no ocurra. Ahora te puedes ir", dijo señalando la puerta.

Antes de marcharse Bhole miró la cena de tío Dhruv. En un plato había una enorme pila de chapatis y un gran cuenco con una buena cantidad de "dal" (sopa de lentejas). Pensó: "Hay suficiente comida en su plato para alimentar a toda una familia".

Antes de dejar la habitación se volvió y dijo: "en la cueva solemos comer una vez al día. Tal vez podríamos hacer lo mismo aquí. Si comemos menos no tendremos que preocuparnos por si vamos a morir de hambre".

Se fue rápidamente antes de que tío Dhruv tuviera oportunidad de contestar.

Más retos

Desde que había terminado la escuela, la vida de Bhole ya no era divertida. Arjun tenía que estudiar todo el tiempo y Tío Dhruv siempre estaba quejándose de hambre. Insistía en que Bhole fuera a ver a los granjeros para que trajeran más grano, pero Bhole no lo quería hacer. Pidió a su madre que le preparase sólo una comida al día.

"Si vivo así en la cueva también lo puedo hacer aquí", dijo. "En realidad no necesito comer tres veces. Demasiada comida me vuelve perezoso".

"Pero estás creciendo", objetó su madre. "Necesitas tres comidas sustanciosas".

"Puedo comer más verduras de nuestra huerta y por la tarde puedo tomar un vaso de leche", dijo Bhole. "Y voy a recoger "mandua" (un grano que crece salvaje en las montañas). Sus pequeñas semillas marrones son muy nutritivas. Puedes hacerme chapatis de harina de mandua y también una bebida que sabe a café".

Su madre miró a tía Seema.

"Es como si hablase su padre", dijo con lágrimas en los ojos. "En tiempos de escasez él también comía una sola vez al día y me pedía que preparase mandua".

En vez de visitar a los arrendatarios, Bhole iba cada mañana a casa de Tío Perrito para ayudarle con los perros. Los bañaba, los cepillaba, limpiaba sus colchonetas y jugaba con ellos.

Tío Perrito le enseñó cómo preparar mandua.

"Es un grano muy importante, Bhole. Ha mantenido vivas a las gentes de la montaña desde tiempos remotos. No tiene mucho sabor, pero es muy nutritivo", dijo Tío Perrito.

"Ni mi tío ni mi tía quieren comerlo", dijo Bhole. "Lo llaman comida de pobre y dicen que sabe muy mal".

"Si algún día tuvieran hambre de verdad aprenderían a apreciarlo", dijo Tío Perrito riéndose.

Las dos semanas de vacaciones pasaron rápidamente y llegó el día en que Bhole y Arjun tuvieron que ir a la nueva escuela. Bhole estaba de muy mal humor y no le gustaba nada su uniforme. Olía raro y era de un color marrón feísimo. Pensó: "Es sólo por un tiempo corto; dentro de cuatro semanas estaré libre como un pájaro".

En secreto le reprochaba a Babaji tener que pasar por eso. No podía entender por qué no había mandado a los swamis a recogerle hacía un mes. No debía ser difícil para un yogui saber que se había terminado la escuela y que él estaba impaciente por volver a la cueva. No entendía por qué Babaji no había contestado a sus oraciones y temía que le hubiera olvidado.

Arjun tampoco era feliz.

"Me gustaría tanto irme con mis padres", suspiraba. "Todavía no hay noticias del juicio y no sé cuánto tiempo más tendré que quedarme aquí".

Así que ambos chicos se sentían desgraciados cuando, después de una larga caminata, llegaron a la nueva escuela, que como la anterior no era un edificio especial, parecía una especie de granero con una galería. El profesor era un hombre mayor y calvo, y su ayudante tenía la cara cubierta de grandes manchas blancas.

"Eso es una enfermedad de la piel", susurró Arjun. "Conozco a alguien que sufre de eso y no tiene cura. Al final toda la piel se vuelve blanca".

"Eso es terrible", dijo Bhole. "Me alegro de no tener nada así".

Había otros nueve estudiantes en la escuela. Bhole y Arjun eran los más jóvenes. A un chico altote le mandaron enseñarles el lugar, pero no había mucho que ver. La única información útil que les dio fue señalar un sitio detrás de los matorrales que los estudiantes utilizaban como retrete.

"¿Dónde vivís?", preguntó el chico. "¿De qué dirección venís?". Bhole señaló la carretera. "¡Bien!, yo también cojo esa carretera para irme a casa. Debes andar cuatro pasos detrás de mí y llevar mi bolsa hasta el cuarto cruce. Cada mañana debéis esperarme en el mismo sitio hasta que llegue".

"Y ¿qué quieres que haga yo?", preguntó Arjun.

"Te lo diré más tarde", dijo el chico. "Y tened cuidado con Spotty porque es malo".

"¿Quién es Spotty?", preguntó Bhole.

"Es el ayudante del profesor. Manteneos tan lejos de él como podáis. Odia a los nuevos y le encanta probar su bastón con ellos".

El resto de la mañana fue rutinario. Bhole hizo algunos cálculos del mismo libro de matemáticas que había tenido en la otra escuela y Arjun tuvo que escribir algo elemental en Hindi. Cuando el profesor dijo que era la hora de irse a casa, ambos chicos estaban contentos de que su primer día en una escuela secundaria no hubiera sido tan malo. Pero habían juzgado demasiado rápido. No sabían que algunos estudiantes estaban esperándolos un poco más allá, donde no se les veía. Habían llenado sus bolsas escolares de rocas y de arena para que pesasen.

Cuando llegaron Bhole y Arjun les ordenaron que subieran sus bolsas hasta arriba de la colina.

"Veamos lo fuertes que son nuestros nuevos burros", dijeron riéndose.

Bhole, furioso, se negó a llevar sus bolsas y siguió caminando, pero los chicos le cerraron el paso y empezaron a mofarse de él. Bhole sabía que no tenía ni la menor posibilidad de ganar una batalla, porque ellos eran cinco y todos más altos y fuertes que él. Estaba a punto de rendirse cuando se acordó de cómo había parado Babaji un deslizamiento de tierra. Pensó que él podría hacer lo mismo con esos chicos. Respiró hondo, levantó el brazo y mirando al mayor de los chicos directo a los ojos, como si fuera a hipnotizarle, gritó tan fuerte como pudo: "¡Parad! ¡Dejadnos pasar!"

Los chicos se desternillaron de risa y de burlaron diciendo: "Relincha como un burro. Hazlo otra vez, burro. ¡Esto sí que es divertido!"

Bhole estaba confuso. No podía entender por qué su poder de voluntad no había funcionado. Lo intentó una vez más, esta vez en Sánscrito, lo que suscitó más risas.

Así que Bhole y Arjun se vieron forzados a acarrear cinco pesadas bolsas hasta arriba de la colina, mientras sus compañeros no paraban de hacer chistes llamándoles burros todo el tiempo. Cada palabra que Bhole o Arjun decían era contestada por el grupo con más risas y más mofas, así que Bhole decidió mantener silencio y rezongar por dentro. Se sintió más humillado e impotente de lo que se había sentido en toda su vida.

En el cruce de caminos, los chicos vaciaron sus bolsas de rocas y arena y alegremente dijeron. "Os veremos mañana por la mañana".

Bhole y Arjun siguieron su camino a casa en silencio. No sabían qué decir. Después de un rato Bhole dijo: "Para mí no hay mañana; antes me muero que volver a este colegio".

"Me temo que no tendrás más remedio que volver", suspiró Arjun. "Mis hermanos me advirtieron de esto. Se llama "novatada" y hoy día ocurre en todos los colegios y hasta en las universidades".

"Es ridículo y malo", dijo Bhole, "yo nunca haré una cosa así cuando sea un alumno veterano".

"Para llegar a ser alumno veterano algún día, tendrás que ir mañana al colegio", dijo Arjun. "¿Por qué no buscamos otro camino? He visto un senderito que baja hasta el río, justo detrás de los matorrales que sirven de baños. Cuando termine la clase, hacemos que vamos al retrete y desaparecemos por ese camino".

"¿Y qué hacemos por la mañana para llegar al colegio?", preguntó Bhole poco animado.

"Nos marchamos de casa temprano y no les esperamos en el cruce de caminos", contestó Arjun.

"Es una pena que Tío Perrito no quiera que me lleve a Bhaiya", dijo Bhole. "Dice que los perros de esa zona tienen una enfermedad contagiosa de la piel y que es más seguro dejarlo en la granja".

A la mañana siguiente, según lo planeado, Bhole y Arjun se fueron de casa más temprano y ya estaban sentados en la galería cuando llegaron los demás chicos. Los mayores no se atrevieron a decir nada porque Spotty les estaba vigilando, listo para utilizar su bastón sobre el primero que dijera una palabra. Bhole encontró la clase muy aburrida ese día. Le costó trabajo mantenerse despierto mientras el profesor contaba una larga historia y bostezó varias veces. Spotty lo notó y le dio un fuerte golpe en el hombro.

"¡So vago!", silbó en sus oídos. "Un bostezo más y te corto la cabeza".

Bhole tembló. Pensó: "Este chico tenía razón, Spotty es realmente peligroso".

Al terminar las clases Bhole y Arjun se entretuvieron con sus bolsas. Cuando los demás ya se habían ido anduvieron en dirección al baño. Mientras atravesaban la zona de los matorrales utilizados como servicio, se tuvieron que tapar la nariz a causa del olor. Rápidamente bajaron por el sendero hasta el río e intentaron buscar un camino que lo bordeara, pero el único que encontraron estaba en la otra orilla. Tuvieron que andar hasta llegar a un vado. Como no querían estropear sus uniformes se los quitaron y los enrollaron, llevándolos sobre sus cabezas mientras saltaban de una piedra otra para cruzar el río. Empezaron una larga y azarosa caminata hasta sus casas y la hubieran disfrutado más si sus compañeros de clase no les hubieran forzado a esa situación.

Los días siguientes, los veteranos intentaron desesperadamente descubrir cómo se las arreglaban sus burros para desaparecer cada día al terminar las clases. Tardaron casi una semana en encontrar su camino de escape. Ese día, les esperaron al borde del río dispuestos a darles una buena lección. Afortunadamente, Bhole y Arjun los descubrieron justo a tiempo y volvieron rápidamente a la carretera. Corrieron tanto como pudieron y llegaron al cuarto cruce sanos y salvos.

"¡Hemos ganado! ¡Hemos ganado!", gritó Bhole con alegría.

"Hemos ganado hoy. Pero, ¿qué pasará mañana? Yo, de verdad que no quiero ir más a ese colegio".

"Tienes razón", dijo Bhole, "esto es una locura. Lo único que he aprendido hasta ahora es cómo escapar de los mayores. Creo que ya es hora de parar esta estupidez de una vez por todas".

"Sí, pero ¿cómo?"

"Tenemos que conquistarles", dijo Bhole con tono varonil.

"¡Olvídate!", dijo Arjun. "No hay ninguna esperanza de ganar a un grupo tan grande. Y además, no valgo para la lucha. En casa solía perder siempre cuando luchaba con mi hermano".

"Yo tampoco soy un buen luchador", confesó Bhole. "En realidad no he luchado nunca con nadie. Eso es algo que Babaji y los swamis nunca me enseñaron en la cueva".

Antes de meditar aquella noche, Bhole habló con Babaji: "Babaji, espero que me oigas. Estoy teniendo un problema serio en la escuela nueva y no sé qué hacer. Me has enseñado toda clase de cosas bellas, pero nunca me has enseñado a luchar. Por favor, hazme saber cómo manejar la situación de mañana".

También rezó a la Divina Madre y a todos los demás dioses y les pidió que les ayudasen a él y a Arjun a ser invisibles, por lo menos un día.

A la mañana siguiente se fueron al colegio aún más temprano, los dos nerviosísimos pensando en lo que les esperaba por la tarde. "No me encuentro bien", dijo Arjun. "Estoy muy preocupado por lo que nos pueda ocurrir hoy después de clase".

"Lo único que podemos hacer es rezar", dijo Bhole. "Y en caso de que tengamos que luchar estoy seguro de que ganaremos, porque los dioses estarán de nuestro lado".

"¿Qué interés pueden tener los dioses en ayudarnos en algo tan estúpido?"

"No te preocupes, sé que ganaremos" dijo Bhole lleno de confianza.

Cinco minutos antes de que la clase terminase, el profesor llamó a Bhole y dijo: "Chico, tu familia todavía no ha pagado lo que debe. Hoy, Kumarji irá a tu casa contigo para coger el dinero".

Bhole no sabía quién era Kumarji, pero después de la clase descubrió que era Spotty y que le iba a acompañar.

Al salir de la escuela con Spotty, encontraron a los demás chicos esperando en la esquina con sus bolsas bien cargadas de piedras y arena. Spotty quiso saber qué estaban haciendo.

"¿Es el último deporte?", preguntó. "¿Acaso es una competición para ver quién lleva la carga más pesada?"

"Es una carrera de burros, Señor", dijo Bhole.

"¡Ah, una carrera de burros!", dijo Spotty riéndose. "Bien, burros. Aquí está la línea de partida".

Con su bastón dibujó una línea en la carretera.

Los chicos, sujetando sus pesadas bolsas, se quedaron allí, mudos, con cara de espanto.

"¿Todos listos?", gritó Spotty, "¡Ahora!"

Les costó mucho trabajo a Arjun y a Bhole controlar la risa cuando vieron que los mayores no tenían valor para negarse. Tuvieron que correr colina arriba tan rápido como podían, con sus pesadas bolsas a la espalda, simulando que era una carrera.

"¡Tontos!", gruñó Spotty. "No puedo entender qué diversión encuentran en eso con este calor. Además, estropean sus bolsas".

Una tarde memorable

Spotty y el tío Dhruv hablaron un rato y cuando Spotty se fue el tío Dhruv mandó llamar a Bhole. Parecía estar de muy mal humor. Tenía la cara roja y el habla era agitada.

"Ya no vas a ir más a ese colegio, chico", gruñó. "Esa gente quiere que pague tres meses por adelantado. Cuando me negué, ese hombre dijo que no eres bienvenido en el colegio. ¿Qué clase de gente es esa? ¡Se llaman a sí mismos profesores, pero no son más que unos desgraciados chupasangre!".

Bhole quería pegar saltos de alegría, pero se controló y no mostró su excitación por temor a que tío Dhruv cambiara de opinión.

"¡Tres meses por adelantado!", refunfuñó Tío Dhruv. "Ni siquiera sabemos si estaremos vivos para entonces. Lo más probable es que nos hayamos muerto de hambre si esos granjeros siguen negándose a darnos la parte de la cosecha que nos corresponde por ley".

El alivio de Bhole no tenía límite. Inmediatamente corrió a su habitación y se arrodilló para dar las gracias a la Madre Divina, a Babaji y a todos los dioses a quienes había pedido ayuda. Luego se fue corriendo hasta el templo para darle a Arjun la gran noticia, pero éste no estaba. Pensó: "¿Dónde puede estar? Y, ¿dónde está su tío? ¿Es que no hay clase de Sánskrito hoy? Si puedo convencer a su tío para que tampoco pague, los dos seremos libres".

Justo entonces vio a Arjun caminando por la carretera con su tío y dos hombres más. Bhole bajó los escalones para saludarles. No podía esperar para darle a Arjun la noticia.

Pero Arjun tenía aun mejores noticias para Bhole. Radiante de felicidad corrió hacia su amigo y le dijo: "Bhole, adivina qué...... Ha venido mi padre.... ¡Todavía no me lo puedo creer! ¡Soy la persona más feliz del mundo!"

Bhole tan sólo le miró fijamente, con la boca abierta. No sabía qué decirle y se olvidó por completo de sus propias noticias. De repente se habían terminado todas las desgracias. Era como un sueño maravilloso. Lo único malo era que Babaji no estaba.

Bhole saludó al padre de Arjun y a otro de sus tíos.

"Nos vamos a quedar aquí hasta que amaine el calor en las llanuras", explicó el padre de Arjun. "Mi salud no es buena y creo que el aire puro de la montaña me hará bien. Cuando me encuentre mejor nos iremos al sur donde espero encontrar trabajo".

Después de apaciguar su entusiasmo por las noticias de Arjun, Bhole le contó lo que su tío Dhruv había decidido acerca del colegio.

"Si esa escuela quiere que paguemos tres meses por adelantado creo que es mejor que vosotros dos estudiéis aquí", dijo el tío de Arjun. "Ahora tenemos tres profesores cualificados. Sería un desperdicio de dinero mandaros a ese colegio".

Arjun y Bhole se miraron incrédulos. Ambos silenciosamente agradecieron a los dioses haberles ayudado a salir de la dificultad.

El plan de tío Dhruv

En los días siguientes tío Dhruv parecía estar de mejor humor y ya no se lamentaba por el hambre.

Bhole pensó: "Me pregunto qué es lo que le ha hecho cambiar. Desde luego no viene más comida por parte de los granjeros".

Su madre y tía Seema también parecían más alegres y, a pesar del calor, estaban limpiando la casa de cabo a rabo. Un pintor remozaba las paredes y las puertas y un carpintero sustituía las viejas tablas de la galería por otras nuevas.

Una tarde, cuando llegó Bhole con Bhaiya, su madre le dijo: "Hijo, desde mañana tienes que dejar a Bhaiya con Tío Perrito. Viene alguien a limpiar el patio y no quiero que Bhaiya lo vuelva a ensuciar".

"Pero, madre, ¿por qué haces todas estas cosas? No parece sino que vaya a haber una boda", dijo Bhole a modo de chiste.

Su madre se sobresaltó. "¿Quién te ha dicho eso?", preguntó sorprendida.

"¿Decirme qué?" Bhole no se lo podía creer.

"Nada", dijo su madre marchándose a toda prisa.

Bhole pensó: "Sea lo que sea lo que planean no quieren que yo lo sepa. Me pregunto qué será. No me gustan nada estos secretos".

La verdad salió a relucir al día siguiente. Tío Dhruv le dijo a Bhole que el pradham de un pueblo cercano quería que su hija fuera miembro de esta familia a través del matrimonio.

"¿No es eso maravilloso?", preguntó tío Dhruv. "Nuestro propio pradham te ha reconocido como la pareja perfecta para la preciosa hija de su colega. Se dice que es muy hermosa, inteligente y de cutis claro y que tiene exactamente tu edad. Además de eso nos trae como dote una gran parcela de terreno y una buena cantidad de dinero".

Bhole no sabía qué responder. Estaba mudo y le temblaban las piernas.

"Ven", dijo tío Dhruv. "Quiero enseñarte algo".

Muy despacio se levantó de la cama y se arrastró hasta la galería. "Allí", dijo señalando las colinas. "Esa colina y una gran parte de la montaña de más allá nos pertenecerán después de tu boda. ¿No es maravilloso? Hemos acordado que parte de la dote se dará en forma de grano, arroz y lentejas, lo que significa que todas nuestras preocupaciones por la comida han terminado. Los dioses han debido oír mis oraciones. Les estoy muy agradecido".

Bhole se mantuvo en silencio. Su corazón latía como si fuera a salírsele del cuerpo. Pensó con ira: "Creo que voy a tener que decirles dos palabras a esos dioses".

Se marchó sin decir nada y se fue a su habitación. Se sentó en la cama e intentó entender lo que acababa de ocurrir. Sabía que sería imposible rechazar la oferta del pradham, pero también sabía que casarse era lo último que quería. Pensó: "¿Por qué no viene Babaji a ayudarme?" Esta situación es demasiado difícil para manejarla yo solo. Me siento como un ratón atrapado en una trampa".

Su madre entró en su habitación y viendo la cara tan triste que tenía, le dijo: "Ha tenido que ser un shock para ti ¿no? Todavía eres sólo un niño y la semana que viene serás un hombre casado".

"¡La semana que viene!", gritó Bhole presa del pánico. "Pero eso es demasiado pronto, Madre. No estoy preparado".

"Uno nunca está preparado para estas cosas, hijo mío. La vida es así. Sólo tienes que aceptarlo. Recuerdo que no paré de llorar durante días antes de mi boda. Sólo tenía siete años y tu padre era mucho mayor. No estaba preparada para dejar a mis padres, mi casa y para vivir con una familia que nunca había visto antes, pero mi padre me dijo que era la voluntad de los dioses. Me dijo: "Las bodas se arreglan en el cielo y se consuman en la tierra". Los primeros años de mi vida de casada lloré mucho porque mi suegra era muy estricta y me hacía trabajar día y noche. Sólo había visto a tu padre una vez durante la ceremonia de la boda y le tenía mucho miedo. Él estaba estudiando en una ciudad lejana y volvió cuando yo tenía trece años. Desde ese momento mi vida cambió completamente. Fui muy feliz y todavía agradezco a los dioses y a mis padres el haberme dado un marido tan maravilloso".

"Pero, Madre, no puedo casarme sin el permiso de Babaji", dijo Bhole. "Él me ha criado y ha sido mi padre desde que tenía tres años. Tenemos que esperar a ver qué dice".

"Tu tío Dhruv no está de acuerdo con eso, Bhole. Dice que el matrimonio es un asunto familiar y que Babaji no tiene nada que ver con esto porque no es de la familia".

Cuando su madre se fue de la habitación gruesas lágrimas empezaron a correr por las mejillas de Bhole.

"Babaji, ¿es que me has abandonado?" Gritó: "Por favor ayúdame. No sé qué hacer. Quiero ser un doctor y un yogui y viajar a países lejanos. No quiero casarme. Por favor, Babaji, ayúdame".

Decidió ir a hablar con las dos señoras mayores. Sentía que eran las únicas personas que serían capaces de entender su problema.

"Permanece en quietud, hijo", aconsejó una de ellas. "Estamos de acuerdo en que la vida de padre de familia no es tu camino. Reza a la Divina Madre y te ayudará. Pronto todo estará bien".

"¿Cómo lo sabes?", dijo Bhole. No se podía creer que fuera fácil escapar se esa situación.

"Lo sabemos. Créenos", dijo la otra señora con una sonrisa. Luego le ofrecieron a Bhole una buena taza de té y galletas hechas con mandua.

Pero Bhole todavía no se sentía tranquilo. Estaba muy disgustado y pensaba escaparse de su casa y esconderse en algún sitio de las montañas.

La trampa

Bhole no podía hablar de su problema con Tío Perrito porque no era correcto comentar cuestiones familiares con otras personas. Tampoco podía hablar con Arjun porque no quería estropear la felicidad que sentía su amigo desde que había vuelto su padre. Así que decidió escaparse sin decírselo a nadie.

Era muy obvio para todos que Bhole no estaba nada bien. Tenía el estómago tan revuelto que no podía comer. Por la noche no podía dormir, dándole vueltas y vueltas a su problema. Después de unos días parecía un fantasma. Decidió que era mejor no esperar más a Babaji. Planeó marcharse de su casa en medio de la noche y coger el camino que bordeaba el río, el que Arjun y él habían descubierto para volver del colegio. Atravesaría el río en el vado. Esperaba llegar a las montañas del otro lado del valle donde la selva era muy densa, antes del amanecer. Nadie podría encontrarlo allí. Su punto de llegada sería el valle de Shiva, donde había estado con Babaji unos meses antes. Allí rezaría en el templo y esperaría a que los swamis fueran a recogerle. Con un poco de suerte el viejo sadhu, que vivía en la cabaña cerca del templo, estaría dispuesto a utilizar sus poderes de yogui para hacerle saber a Babaji dónde le podía encontrar.

"¿Qué te pasa?", preguntó Arjun. "Estás pálido. ¿Estás enfermo?".

"No, no, estoy bien. Pero estoy esperando a que venga Babaji de un momento a otro. Siento tristeza porque tenemos que separarnos y lo más probable es que no volvamos a vernos nunca más", contestó Bhole.

"Eso me recuerda un sueño muy curioso que tuve anoche", dijo Arjun. "Eras un joven swami viviendo en un palacio, como un rey, y yo era un pandit que había ido a visitarte. Estabas sentado en una sala grande, sobre un estrado cubierto con una hermosa alfombra, y yo te daba un libro".

"Eso es interesante", dijo Bhole. "¿Te acuerdas del título del libro?"

"No", dijo Arjun, "pero la tapa era verde con letras doradas".

Bhole estaba asombradísimo. Aquella misma mañana había cogido de la biblioteca de su padre un libro con la intención de dárselo a Arjun como regalo de despedida.

"¿Acaso era algo como esto?", preguntó sacando el libro de su bolsillo.

Arjun abrió los ojos como platos.

"¡Es...era....es el mismo libro!", exclamó Arjun. "¿Pero cómo es posible?"

"Significa que nos volveremos a encontrar", dijo Bhole riéndose y dándole a su amigo un fuerte abrazo. "Y no te olvides de traer el libro cuando vengas".

Fue incluso más difícil despedirse de Bhaiya. Bhole se lo llevó de paseo y le dijo una y otra vez que no volvería hasta dentro de muchos años.

"Eres feliz con Tío Perrito", dijo, "y es el mejor sitio donde puedes estar. No te olvides de que yo siempre te querré y que nunca te voy a olvidar".

De camino a casa dio rienda suelta a su llanto. "Tengo más apego a Bhaiya que a mi familia", pensó con dolor de corazón.

Cuando llegó a casa su madre le dijo que subiera.

"El barbero está cortándole el pelo a tío Dhruv, luego será tu turno", dijo su madre. "Después del corte de pelo te das un baño y te pones ropa limpia. Tu futuro suegro viene esta noche a conocerte. Por favor, pórtate bien y no nos defraudes".

Bhole se puso muy nervioso. "Madre Divina, ayúdame", rezó. "Todavía soy un niño y no sé qué hacer. Por favor, Madre, ayúdame a salir de esta situación tan difícil".

Tío Dhruv estaba de muy buen humor aquella tarde, con el pelo bien peinado, la cara afeitada y una amplia túnica de satén. Estaba sentado en su cama como un rey. Cuando Bhole entró en la habitación estaba discutiendo los detalles de la boda con el pradham y dos de sus parientes.

"Permítame presentarle a mi maravilloso sobrino", dijo tío Dhruv con orgullo. "Estoy seguro de que su hija será muy feliz con un marido como él".

Bhole se sintió incómodo y no se atrevía a mirar a los huéspedes que le examinaban de arriba abajo.

"¡Hola, hijo mío!", dijo el pradham con modales amistosos. "He oído mucho acerca de ti y estoy encantado de conocerte".

Bhole no sabía qué decir. Su único pensamiento era: "¡Madre, por favor, ayúdame!".

"¿Cuáles son tus planes para el futuro, Bhole?, preguntó el pradham. Bhole no contestó.

"Ven", insistió el pradham, "siéntate a mi lado y háblame de tus planes".

"Quiero ser médico, señor", dijo, irguiendo la espalda, "y quiero construir un gran hospital moderno para la gente de estas montañas. Un sitio donde puedan recibir gratis el mejor tratamiento médico. Hay hospitales así en las grandes ciudades y en el futuro tendremos uno también para nuestra gente".

"Eres muy ambicioso", dijo el pradham riéndose. "Eso es maravilloso".

El color había vuelto a la cara de Bhole y miraba a los visitantes con ojos brillantes. Siguió diciendo: "Y el sistema educativo en esta región también necesita mejorar. Creo que esto es lo primero a lo que hemos de dar atención. Las chicas, lo mismo que los chicos, tienen derecho a ir a un buen colegio, porque en el futuro vamos a necesitar muchos doctores y muchas enfermeras en nuestro hospital".

Tío Dhruv miró a Bhole con asombro. Pensó: "Este chico habla como un visionario. Hasta la cara le ha cambiado. Parece mucho mayor de lo que es".

El pradham y sus familiares parecían encantados con Bhole. Le encontraron interesante y muy maduro para su edad.

"¿Y que piensas acerca de casarte?", preguntó el pradham.

Bhole se mantuvo en silencio un rato. Experimentaba una tensión terrible en todo el cuerpo e intentó relajarse como si se preparase para una difícil postura de yoga. Luego respiró profundamente, miró al pradham directamente a los ojos y dijo: "Para serle sincero, señor, yo nunca he pensado en casarme. Todavía soy muy joven.... y..... también estoy algo preocupado".

Cuando, más tarde, Bhole recordó el incidente se dio cuenta de que realmente no sabía lo que estaba diciendo. Las palabras le salían solas de la boca.

"Preocupado ¿Por qué razón?", preguntó el pradham.

"Por mi futura esposa, señor", contestó Bhole. "Sé que no tengo muchos años de vida. Unos astrólogos han predicho que me moriré a los veintiocho años. Como no tengo hermanos que puedan cuidar de mi esposa cuando me muera, siempre pensé que era mejor que no me casara y así he decidido ser un swami".

Tío Dhruv hizo un movimiento como si un escorpión le hubiera picado. Se puso rojo y empezaron a caerle gruesas gotas de sudor por la frente.

"¿Cómo lo sabes?", dijo casi sin aliento. "¿Quién te ha dicho esa idiotez?"

"Hace poco, dos astrólogos vinieron aquí y su informe tiene que estar entre tus papeles", dijo Bhole con calma.

"No me acuerdo", murmuró tío Dhruv, intentando ocultar su agitación.

"Bhole, si me das la fecha y hora exacta de tu nacimiento, consultaré a un astrólogo", dijo el pradham, "y luego volveremos a hablar de la boda. Espero que tu información se base en una equivocación y que tengas una vida larga y próspera. Nuestra sociedad está muy necesitada de gente como tú. Fue un placer conocerte, y aprecio mucho tu honradez".

Bhole le dio al pradham todos los datos de su nacimiento y acompañó a los hombres hasta la verja. Cuando se hubieron ido, él se fue a un lugar tranquilo en la colina para agradecer a la Madre Divina su ayuda. Se sintió como si tuviera diez años más. El pradham le había escuchado y le había tratado como a una persona importante. Esto le dio una auto-confianza que esperó poder tener toda su vida.

La libertad

Bhole salió de la casa lo más posible los días siguientes por miedo a que su tío le castigara. Pero para su sorpresa su tío ni siquiera le reprendió. Hasta su madre y tía Seema actuaban como si no hubiera pasado nada, lo cual fue un gran alivio. Lo único que le preocupaba ahora era no haber recibido ninguna noticia de Babaji ni de los swamis.

Una mañana notó que había unos carpinteros detrás de la casa. Se sorprendió cuando vio lo que estaban haciendo. Era como si estuvieran haciendo una camilla con gruesas cañas de bambú para llevar un cadáver al lugar de la cremación.

"¿Qué ha pasado? ¿Qué hacéis? ¿Ha muerto alguien?", preguntó.

"Es un "palanquín" (una litera) para tu tío", explicó uno de los carpinteros. "Le es difícil andar, así que hemos de transportarle hasta la carretera donde le estará esperando un carro tirado por búfalos. Primero hacemos una camilla y luego construimos una silla encima. Tu tío pesa mucho, así que ha de ser muy sólido".

"¿Quién le va a transportar?", quiso saber Bhole.

"Creo que tendremos que pedir ayuda a todos los hombres del pueblo, como hicimos cuando vino", dijo uno de los carpinteros riéndose.

"Esta vez será un poco más fácil porque es cuesta abajo", dijo el otro, "pero sigue siendo un trabajito".

"Si tío Dhruv se va", pensó Bhole, " ¿qué será del resto de la familia?".

Se fue a la cocina y le preguntó a su madre por qué se iba tío Dhruv.

"Tu tío está mal de salud", explicó su madre, "necesita ir a la ciudad a ver a un médico. También quiere irse por la escasez de comida y para buscar un colegio donde puedas seguir tus estudios".

"Pero Madre", objetó Bhole. "No puedo irme con vosotros porque tengo que esperar a Babaji. Él espera que pase las vacaciones en la cueva".

"Dejaremos un mensaje a los vecinos", dijo su madre. "Es lo que ha decidido tío Dhruv".

"¿Pero es que no te acuerdas de lo que os dijo Babaji a ti y a mi padre cuando nací?", preguntó Bhole furioso. "¿No has prometido que me darías a Babaji en cuanto tenga suficiente edad?"

"Claro que me acuerdo", suspiró su madre, "el problema es que tío Dhruv no acepta eso, y siendo yo una mujer, no puedo ir en contra de él".

Bhole no pudo dormir aquella noche. No paró de dar vueltas en la cama intentando encontrar una solución al nuevo problema.

Pensó: "Desde luego yo no me iré a la ciudad. Mientras se van, me esconderé donde nadie pueda encontrarme. ¡Cómo me gustaría que Babaji estuviera aquí! ¿Por qué no envía un mensaje como hizo el año pasado?"

Bhole intentó sonsacarle a su madre cuál era el día de la partida, pero ella le dijo que todavía no estaba decidido.

Bhole se pasó los días siguientes en profunda angustia. A veces intentaba encontrar consuelo en Bhaiya. Le llevaba a dar largos paseos y se sentaba en las rocas a meditar y a rezar. Pero tenía cientos de pensamientos rondándole la mente y así no podía concentrarse ni un segundo.

Pensó: "Parece que Babaji ya no me escucha y la Madre Divina tampoco me dice lo que debo hacer".

Descorazonado, se fue a ver a las señoras mayores que, como siempre, se alegraron de verle.

"Estábamos a punto de ir a tu casa para desearte un feliz viaje".

"¿Por qué? ¿Qué ha pasado?", preguntó Bhole sorprendido.

"Te vas esta noche. Hemos recibido un mensaje de Babaji diciendo que los swamis están de camino".

El corazón de Bhole saltó de alegría.

"¡Por fin ha oído mis oraciones!", exclamó con un suspiro de alivio. "Pero, ¿cómo habéis recibido el mensaje?"

"Vino durante nuestra meditación", dijo una de ellas con una sonrisa.

"Pero, ¿por qué no lo he recibido yo?, preguntó Bhole, "he estado rezando y meditando todo el día".

"Tal vez tu meditación no fuera lo bastante profunda. Si practicas regularmente durante muchos años, la mente se vuelve más quieta y entonces es posible entrar en contacto con lo que realmente ocurre en el mundo. También hemos sabido que Babaji te ha aceptado como estudiante y te cuidará hasta que termines tu educación".

"¿Significa eso que no tendré que volver aquí y que llegaré a ser un swami?", preguntó Bhole que no cabía en sí de gozo.

"Sí, hijo, pero tendrás que estudiar mucho durante muchos años".

"Eso no es un problema", dijo Bhole, "es fácil estudiar con Babaji porque él es mi padre y me ama. Es el mejor profesor del mundo".

"Ahora vete a casa y despídete de tu madre", dijo una de las señoras.

"Sólo tienes que llevarte un recipiente para el agua y un cuenco para la comida. Envuélvelos en un pedazo de tela para trasportarlos más fácilmente. Luego lleva a Bhaiya a Tío Perrito y espera allí a los swamis".

Con lágrimas en los ojos Bhole se despidió de las dos señoras. Se dio cuenta de que no eran simples mujeres del pueblo. Eran "yoguinis" (femenino de yogui) que habían alcanzado un alto grado de espiritualidad.

"Gracias, queridas Madres, por vuestro apoyo y guía", dijo Bhole y arrodillándose les tocó los pies con la frente.

"Todos somos parte de la Divinidad. Vete ahora hijo, y que camines con Dios".

En su casa encontró a su madre doblando ropa para el viaje.

"Nos vamos mañana por la mañana y sólo podemos llevar unas pocas cosas", dijo ella, "he estado buscando ese traje de seda que te hizo el sastre. ¿Dónde lo has puesto?"

"Ya no lo necesito madre" dijo Bhole suavemente. "Ha llegado un mensaje de Babaji. Tenemos que despedirnos ahora mismo. La próxima vez que me veas seré un swami".

Su madre empezó a llorar y Bhole la abrazó intentando consolarla.

"Siempre he sabido que no ibas a quedarte conmigo" sollozó. "Eres especial, eres diferente de los demás chicos de nuestra familia".

"Soy hijo de la Divinidad, lo mismo que tú", dijo Bhole con solemnidad. "Adiós Madre. Dios te bendiga y te dé buena salud".

Luego, cogió de la cocina el recipiente para el

agua y el cuenco para la comida y los envolvió en un trozo de tela.

"Ven, Bhaiya. Te voy a llevar a tu casa", dijo alegremente. Y se fue.

Una nueva vida

Bhole respiró profundamente mientras bajaba el sendero hacia la granja de Tío Perrito. Estiró los brazos por encima de la cabeza como para tocar el cielo.

Pensó: "¡Soy libre!¡Por fin soy libre! No hay más colegio, ni más parientes para decirme lo que tengo que hacer. ¡Soy la persona más feliz del mundo! Estoy dispuesto a servir a la Madre Divina y a Babaji toda mi vida".

Tío Perrito notó un gran cambio en la cara de Bhole.

"¿Qué te ha pasado?", preguntó. "Pareces diferente hoy".

"Babaji me ha dado permiso para convertirme en un Brahmachari" dijo Bhole, radiante de felicidad. "hoy vienen los swamis a recogerme y luego me voy del pueblo para siempre".

"Eso es una gran decisión, hijo", dijo Tío Perrito, "pero creo que es la correcta. Siempre pensé en ti como en un swami y no como en un padre de familia, pero, desde luego, te echaré de menos".

"Yo también te echaré de menos", dijo Bhole, "y me gustaría poder llevarme a Bhaiya a la cueva".

"Es mejor dejarle aquí", dijo Tío Perrito. "El año que viene nos dará otra camada de preciosos cachorritos y al más fuerte le llamaré Bhole. Entonces te recordaré aún más cada día".

Como regalo de despedida, Tío Perrito le regaló a Bhole un Dhoti (una larga tela de algodón blanco que llevan los Brahmacharis) y le enseñó cómo

enrollárselo alrededor de la cintura, utilizando una
parte de la tela para cubrirse la espalda y los hombros.

"De ahora en adelante sólo llevaré esto dijo
Bhole. "Es muy cómodo. Dejo atrás mi antigua vida
y mi antigua ropa".

Agradeció a tío Perrito todo lo que había hecho
por él y por Bhaiya y le dijo adiós.

El ladrido de los perros anunciaba la llegada de
los swamis. Bhole corrió hacia la verja.

"Namaskar, queridos hermanos", dijo
abrazándoles. "Estoy encantado de veros y listo para
partir. "Os seguiré a donde vayáis".

Con los swamis había venido un monje budista
que llevaba una túnica burdeos.

Bhole pensó: "Ese es un color precioso. Cuando sea un swami, creo que llevaré una túnica así. Me gusta más el color burdeos que el naranja".

"¿Dónde está Babaji?", preguntó cuando dejaron el pueblo atrás.

"Está en Benares. Esperamos llegar allí la semana que viene".

"¿Queréis decir que vamos a viajar?", preguntó Bhole entusiasmado.

"Sí, hermano. Vamos a coger el tren a Benares. Después tú irás más lejos, al noreste de los Himalayas con este amigo nuestro".

"Pero, ¿por qué he de ir tan lejos?" preguntó Bhole asombrado.

"Babaji quiere que vayas a un monasterio en el Nepal a aprender Kung fu".

"¿Qué es eso?"

"Pregúntaselo a nuestro amigo budista. Lo sabe todo acerca de eso".

Bhole estaba confuso, hasta entonces nunca había oído la palabra "Kung fu".

"¿Es parecido a Hatha yoga?", le preguntó al monje budista.

"Es más que eso, es un arte marcial que te hará invencible".

"Eso es lo que tanto necesitaba hace unas semanas en el colegio", pensó Bhole. "Babaji sí que se está ocupando de todas mis necesidades".

Esa noche se quedaron en un pequeño ashram de la zona. Bhole se despertó temprano y alegre al día siguiente, listo para empezar su largo y aventurado viaje al estado de swami, bajo la guía de su amado Maestro, Babaji.

"Abuela, he terminado el libro", dijo Raúl. "Estoy encantado de que por fin Bhole pudiera dejar a su familia y a su pueblo pero, por favor, dime cómo aprendió Kung fu y qué pasó después".

"Eso lo puedes leer en el libro que ha escrito el propio Swamiji y que se titula: "Living with the Himalayan Masters". Te compraré una copia cuanto antes. Aunque ese libro no fue escrito para niños y algunas partes pueden resultarte difíciles de entender siempre me puedes preguntar a mí si te surge alguna duda".

Glosario

AHIMSA: No dañar (ni a uno mismo, ni a los demás, ni en pensamiento, ni en palabra, ni en obra).

ALÁ: El nombre de Dios para los musulmanes.

ARATI: Ritual con luces.

ASHRAM: Monasterio para monjes hindúes o swamis.

ASTRÓLOGO: Persona que predice el futuro según la posición de las estrellas en el momento de nacer.

AVATAR: Dios con forma humana, que viene a la tierra para ser un ejemplo para la humanidad, como Rama, Krishna o Jesús.

BANGALORE: Ciudad al sur de la India.

BANGLES: Pulseras Hindúes hechas con cristales de color.

BENARES: Antigua ciudad al borde del río Ganges al norte de la India.

BENGAL: Uno de los estados de la India.

BHAIYA: 'Hermano' en hindi.

BHAKTI YOGA: Camino de devoción.

BHANG: Hachís.

BHOLE: Inocente en hindi.

BRAHMACHARI: Estudiante antes de convertirse en swami.

BURKA: Vestido negro que llevan las musulmanas encima de la ropa para salir de su casa.

CHAPATI: Torta de pan sin levadura que forma parte de casi todas las comidas en India.

DAL: Sopa de lentejas.

DHOTI: Especie de pantalón que llevan los hindúes.

DHUNI: Fuego que se mantiene vivo delante de una cabaña o de una cueva.

DISCERNIMIENTO: Poder innato en todo ser humano de diferenciar lo correcto y lo incorrecto.

GANESHA: Dios hindú con cabeza de elefante y cuerpo humano.

GURU: Profesor o maestro espiritual.

HANUMAN: Dios hindú con facciones de mono.

HARIDWAR: Lugar de peregrinación en el norte de la India.

HERMANOS EN EL GURU: Estudiantes entrenados por el mismo Guru.

HINDI: Uno de los idiomas principales de la India.

ICCHA SHAKTI: Poder utilizado por los yoguis para controlar las fuerzas de la naturaleza en ocasiones específicas.

JALEBIS: Caramelos.

KIRTAN: Cantos.

MA DURGA: Una de las formas de la Madre Divina.

MADRE DIVINA: Dios en su aspecto femenino.

MAHOUT: Entrenador y conductor de elefantes.

MANTRA: Palabra sagrada.

MONZÓN: Una de las estaciones del año durante la cual llueve muchísimo. (De mayo a septiembre).

MUEZZIN: El que recuerda a los musulmanes que es hora de rezar.

NAMASKAR ó **NAMASTE**: Palabras en hindi para saludar. Significa "Saludo a la Divinidad en ti".

PANDIT: Erudito en sánscrito, que conoce las Escrituras, habla sánscrito y es sacerdote hindú.

POOJA: Ofrenda a los dioses.

PRADHAM: Alcalde.

PUSHKAR: Vehículo aéreo de Ravana.

RAJA: Rey en hindi (maharajá = gran rey).

RAMA: Príncipe hindú considerado un avatar.

RAMAYANA: Epopeya hindú sobre la vida de Rama.

RAVANA: En el Ramayana, personaje enemigo de Rama.

SADHU: Monje errante.

SAHIB: Señor.

SAMADHI: Éxtasis, estado profundo de unión con lo Divino.

SÁNSCRITO: Lenguaje antiguo de la India en el cual están escritas las Escrituras.

SARI: Vestido hindú hecho con una tela larga que las mujeres se envuelven alrededor del cuerpo.

SHIVA: Uno de los dioses hindúes más importantes.

SIDDHA YOGUI: Alguien que ha practicado yoga muchísimo tiempo y ha llegado a tener poderes sobrenaturales.

SIDDHIS: Poderes sobrenaturales.

SITA: Esposa de Rama.

SUFI: Místico Musulmán.

SWAMI: Monje hindú.

SWAMIJI: Fórmula de cortesía para dirigirse a un swami.

TABLA: Tambor hindú.

TONGA: Carreta de dos ruedas tirada por un caballo.

VASHISHTA: El profesor de Rama.

VEDAS: Antiguas Escrituras hindúes escritas en sánscrito.

YOGUI: Quien dedica su vida a practicar cualquier forma de yoga.

YOGUINI: Femenino de yogui.

Acerca de la autora

Hema (Hendrika Luise de Munnik) nació en Ámsterdam (Holanda) y trabajó como psicóloga infantil y profesora hasta 1990. Encontró a su maestro espiritual, Swami Rama, en 1991 y enseñó hatha yoga en el Himalayan Institute de Curasao. En 1995 se trasladó al ashram de Swami Rama en Rishikesh (India) y desde 1997 ha dado su servicio desinteresado en el hospital fundado por Swami Rama en Dehradun. Es la madre de Judea y Martijin y la abuela de Luma y Ella (que en el texto la traductora ha preferido llamar Raúl y Rosa).

El Himalayan Institute Hospital Trust

Tal vez la forma más visible del servicio de Swami Rama a la humanidad es Himalayan Institute Hospital Trust (H.I.H.T), que es una organización no lucrativa dedicada al reconocimiento de que todos los seres humanos tienen derecho a la sanidad, la educación y la autosuficiencia económica. Los programas integrales de sanidad y desarrollo social de H.I.H.T incluyen cuidados médicos, educación e investigación. La filosofía de H.I.H.T es: ama, sirve y recuerda.

La misión de la fundación es desarrollar para la población local un acceso integrado y eficiente a los cuidados sanitarios y al desarrollo, que pueda servir de modelo a otros lugares del país y a poblaciones subdesarrolladas en cualquier sitio del mundo. En este enfoque se combinan los antiguos sistemas tradicionales con la medicina más moderna y la tecnología más avanzada.

H.I.H.T está situado en el estado recién formado de Uttaranchal, una de las regiones menos desarrolladas de la India. Esta visión amplia de acercar servicios médicos a los millones de habitantes del norte de la India, muchos de los cuales no tenían ningún acceso a cuidados sanitarios, empezó modestamente en 1989 con un pequeño ambulatorio. Hoy es el asentamiento de una ciudad médica a la altura del resto del mundo que incluye un campus universitario, un hospital que ofrece todas las especialidades y servicios, un programa sanitario holístico, un colegio médico, una escuela de enfermeras, un instituto de desarrollo rural y residencias para el personal, para los estudiantes y para las familias de los pacientes ingresados. Esta transformación es el resultado de la visión de Swami Rama.

Para más información, contactar:
HIMALAYAN INSTITUTE HOSPITAL TRUST
Swami Ram Nagar; P.O. Doiwala
Distt. Dehradun 248140
Uttarakhand, India
Tel: 91- 135- 2471200
Fax: 91- 135- 2471122
src@hihtindia.org
www.hihtindia.org

Swami Rama Foundation of the USA, Inc.

La Fundación Swami Rama de EEUU es una organización registrada, sin ánimo de lucro y exenta de impuestos, comprometida con la orientación del sabio hindú Swami Rama. La Fundación se estableció para proporcionar ayuda financiera y apoyo técnico a las instituciones e individuos preparados para poner en práctica esta orientación dentro y fuera de EEUU. La esencia de la posición de Swami Rama se basa en tender un puente entre la ciencia occidental y la sabiduría oriental mediante la integración de mente, cuerpo y espíritu.

Para el contacto de información:
Swami Rama Foundation of the USA, Inc.,
2410 N. Farwell Avenue
Milwaukee, WI 53211, USA.
Phone: 414-273-1621
info@swamiramafoundation.us
www.swamiramafoundation.us

Viaje Sagrado
Vivir con propósito y morir sin miedo
Swami Rama

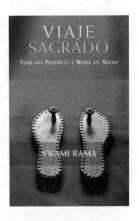

"Para entender la muerte, un ser humano ha de intentar entender el propósito de la vida y la relación entre la vida y la muerte. Ambas son afines, cada una le proporciona un contexto a la otra. La muerte no es un periodo sino tan sólo una pausa en un largo viaje. Cuando se acepta que la vida y la muerte tienen un verdadero sentido y un propósito, y cuando se entiende y se acepta la muerte como parte del viaje humano, entonces el miedo a la muerte desaparece y se puede vivir la vida plenamente".

Este libro trata de la relación entre la vida y la muerte, del "cómo y porqué" organizar la propia vida de una manera que conduzca a la expansión, al crecimiento, y que sea útil para prepararse hacia la transición que se llama muerte.

Swami Rama que se crió en las antiguas cuevas-monasterios, es no sólo un yogui excepcional, sino también un científico y un reformador social. Es autor de numerosos libros, es poeta, pintor, arquitecto, músico y experto en muchas ciencias y sistemas filosóficos. Fundó el "Instituto Internacional de los Himalayas para la ciencia y filosofía del Yoga" y también estableció la "Fundación del Hospital y del Colegio Médico del Instituto de los Himalayas".

ISBN 978-81-88157-06-8, $12.95, paperback, 139 pgs

Vivir Consciente

Una Guía para la Transformación Espiritual

Swami Rama

Este es un libro práctico para gente que vive en el mundo. "Práctico" significa que la Enseñanza puede ser practicada en el mundo, en medio de las obligaciones familiares, sociales y laborales. No se requiere ninguna preparación previa para leer este libro. Si un ser humano practica de forma real y sincera la Enseñanza que Swami Rama ofrece, puede llegar a un estado de mucha mayor perfección.

ISBN 978-81-88157-33-4, $12.95, paperback, 162 pgs

Dejad que el Brote de Vida Florezca

una guia para criar niños sanos y felices

Swami Rama

"La niñez es un estado puro. Si se les da a los niños una buena educación, si se les da ejemplo de no egoísmo y de amor, se convertirán en los mejores ciudadanos del mundo. Entonces el universo entero florecerá".

ISBN 978-81-88157-20-4, $12.95, paperback, 102 pgs

Available from your local bookseller or: To order send the cost of book plus $2.50 for the first book and $.75 for each additional book (within US) (Wi. res. add 5.5% sales tax) to:

Lotus Press, PO Box 325, Twin Lakes, WI 53181, USA

Toll Free: 800-824-6396, Phone: 1-262-889-8561; Fax: 1-262-889-2461

lotuspress@lotuspress.com; www.lotuspress.com

La Esencia de la Vida Espiritual
una guía que acompaña al que busca

Swami Rama

"El camino de la meditación y de la espiritualidad no significa retirarse del mundo por frustración o por miedo, sino que es un proceso hábil para aprender a estar en el mundo pero por encima del mundo. Se puede vivir en el mundo y sin embargo ser espiritual. No necesitas renunciar al mundo".

La colección concisa de las enseñanzas de Swami Rama sirve de guía práctica para el que busca la espiritualidad. La práctica espiritual lleva al aspirante hacia experiencias interiores de divinidad que le permiten alcanzar la meta de la vida.

Swami Rama, yogui científico, filósofo y humanista, era un profundo conocedor de las tradiciones espirituales de los Maestros del Himalaya. Era un libre pensador, guiado por su experiencia directa y su sabiduría interior. Sus Enseñanzas, universales y sin sectarismos, proporcionan un puente entre Occidente y Oriente.

ISBN 978-81-88157-07-5, $12.95, paperback, 152 pgs

SAMADHI
el estado más elevado de sabiduría
Yoga la ciencia sagrada, I Volumen

Swami Rama

"El día en que alcancéis el estado de Samadhi no dejaréis tan sólo de identificaros con los objetos del mundo, sino que además os estableceréis en vuestra Naturaleza Esencial. Os convertiréis en yoghis. Vuestros pensamientos, palabras y obras estarán bajo la guía de la Consciencia pura y dejaréis de cometer errores. No dañaréis ni perjudicaréis a nadie de ninguna forma. Os volveréis más creativos dinámicos, desprendidos y entenderéis el sentido de la vida. Una vez que hayáis alcanzado el estado más elevado de quietud, ya no os podrá afectar ninguna perturbación ni circunstancia del mundo".

"Yoga la Ciencia Sagrada" aporta vida a los Yoga Sutras de Patañjali de una forma muy particular y muy útil. La descripción que Swami Rama hace de la totalidad de la mente, sus funciones y emociones, va mucho más allá de los conceptos de la psicología moderna y hace de este libro algo muy valioso, desde el punto de vista terapéutico y también como guía práctica para vivir con salud y equilibrio.

ISBN 978-81-88157-40-2, $16.95, paperback, 241 pgs

Available from your local bookseller or: To order send the cost of book plus $2.50 for the first book and $.75 for each additional book (within US) (Wi. res. add 5.5% sales tax) to:
Lotus Press, PO Box 325, Twin Lakes, WI 53181, USA
Toll Free: 800-824-6396, Phone: 1-262-889-8561; Fax: 1-262-889-2461
lotuspress@lotuspress.com; www.lotuspress.com